大方廣佛華嚴經 讀誦

7

# ✿ 일러두기

1. 『독송본 한문·한글역 대방광불화엄경』은 실차난타가 한역(695~699)한 80권 『대방광불화엄경』의 한문 원문과 한글역을 함께 수록한 것이다. 한문에는 음사와 현토를 부기하였다.

2. 원문의 저본은 고종 2년(1865) 월정사에서 인경한 고려대장경 『대방광불화엄경』에 한암 스님이 현토(1949년)한 것을 범룡 스님이 영인 출판(1990년)한 『대방광불화엄경』이다.

3. 한문은 저본에서 누락되었거나 글자가 다르다고 판단된 부분은 저본인 고려대장경 각권의 말미에 교감되어 있는 내용을 중심으로 하고 봉은사판 『대방광불화엄경수소연의초』와 신수대장경 각주에서 밝힌 교감본을 참조하여 보입하고 수정하였다.

4. 한글 번역은 동국역경원에서 발간한 한글 『대방광불화엄경』(운허)을 중심으로 하고 『신화엄경합론』(탄허)과 『대방광불화엄경 강설』(여천무비) 그리고 최근의 여타 번역본 등을 참조하였다.

5. 저본의 원문에서 이체자의 경우 흔글이 제공하는 이체자는 그대로 살리고 흔글이 제공하지 않는 글자는 통용되는 정자로 바꾸었다. 예) 閒 → 間 / 焰 → 燄 / 宮 → 宫 / 偁 → 稱

6. 한글 번역은 독송과 사경을 위하여 정확성과 아울러 가독성을 고려하였다. 극존칭은 부처님과 불경계에 대해서만 사용하였다.

7. 독송본의 차례는 일러두기 → 본문 → 화엄경 목차 → 간행사의 순차이다.
   (법공양판에는 간행사 다음에 간행불사 동참자를 밝혀 두었다.)

8. 독송본의 한글역은 사경의 편의를 도모하기 위해 그 편집을 달리하여 『사경본 한글역 대방광불화엄경』으로 함께 간행한다. 독송본과 사경본 모두 80권 『대방광불화엄경』의 권별 목차 순으로 간행한다.

독송본 한문 · 한글역

# 대방광불화엄경 제7권
## 大方廣佛華嚴經 卷第七

### 3. 보현삼매품
普賢三昧品　第三

### 4. 세계성취품
世界成就品　第四

실차난타 한역
수미해주 한글역

**7**

대방광불화엄경 제7권 변상도

# 대방광불화엄경
## 제7권

## 3. 보현삼매품

# 대방광불화엄경 권제칠
## 大方廣佛華嚴經　卷第七

## 보현삼매품 제삼
### 普賢三昧品　第三

이시　　보현보살마하살　　어여래전　　좌연화
爾時에 普賢菩薩摩訶薩이 於如來前에 坐蓮華

장사자지좌　　　승불신력　　　입우삼매　　　　차
藏師子之座하사 承佛神力하야 入于三昧하시니 此

삼매　명일체제불비로자나여래장신
三昧가 名一切諸佛毗盧遮那如來藏身이라

보입일체불평등성　　　능어법계　　시중영
普入一切佛平等性하야 能於法界에 示衆影

# 대방광불화엄경 제7권

## 3. 보현삼매품

그 때에 보현보살마하살이 여래 앞에서 연화장 사자좌에 앉아 부처님의 위신력을 받들어 삼매에 들어갔다. 이 삼매는 이름이 일체제불비로자나여래장신이었다.

일체 부처님의 평등한 성품에 널리 들어가서 능히 법계에 온갖 영상을 보이며, 넓고 크

상      광대무애      동어허공      법계해선
像하며 廣大無礙하야 同於虛空하고 法界海漩에

미불수입      출생일체제삼매법      보능포
靡不隨入하며 出生一切諸三昧法하고 普能包

납시방법계
納十方法界하나리라

삼세제불      지광명해      개종차생      시방소
三世諸佛의 智光明海가 皆從此生하고 十方所

유제안립해      실능시현      함장일체불력해
有諸安立海를 悉能示現하며 含藏一切佛力解

탈      제보살지      능령일체국토미진      보
脫과 諸菩薩智하고 能令一切國土微塵으로 普

능용수무변법계      성취일체불공덕해
能容受無邊法界하며 成就一切佛功德海하고

현시여래제대원해      일체제불      소유법륜
顯示如來諸大願海하고 一切諸佛의 所有法輪을

며 걸림없어 허공과 같고, 법계바다의 소용돌이에 따라 들어가지 않음이 없으며, 일체 모든 삼매의 법을 출생하고, 널리 시방 법계를 능히 감싸서 거두어들였다.

삼세 모든 부처님의 지혜 광명바다가 모두 여기에서 나오고, 시방에 있는 모든 나란히 펼쳐진 바다들을 다 능히 나타내 보이며, 일체 부처님의 힘과 해탈과 모든 보살들의 지혜를 포함하여 간직하고, 일체 국토의 미진이 널리 가없는 법계를 능히 수용하게 하며, 일체 부처님의 공덕바다를 성취하고, 여래의 모든 큰 서원바다를 나타내 보이며, 일체 모든 부처님의 법

유통호지　　사무단절
流通護持하야 使無斷絶케하시니라

여차세계중보현보살　　어세존전　　입차삼
如此世界中普賢菩薩이 於世尊前에 入此三

매　　여시진법계허공계　　시방삼세　　미세
昧하야 如是盡法界虛空界와 十方三世와 微細

무애　　광대광명　　불안소견　　불력능도　　불
無礙와 廣大光明과 佛眼所見과 佛力能到와 佛

신소현　　일체국토　　급차국토　　소유미진
身所現인 一切國土와 及此國土의 所有微塵인

일일진중　　유세계해미진수불찰　　일일찰
一一塵中에 有世界海微塵數佛刹하고 一一刹

중　　유세계해미진수제불　　일일불전
中에 有世界海微塵數諸佛이어시든 一一佛前에

륜을 유통하고 보호해 지녀서 끊어지지 않게
하였다.

이 세계 중에 보현보살이 세존 앞에서 이 삼
매에 든 것과 같이, 이렇게 온 법계의 허공계
와 시방과 삼세와 미세함과 걸림없음과 광대
함과 광명과 부처님의 눈으로 보는 곳과 부처
님의 힘으로 능히 이르는 곳과 부처님 몸이
나타나시는 일체 국토와, 그리고 이 국토에 있
는 미진의 낱낱 티끌 가운데 세계바다 미진수
의 부처님 세계가 있고 낱낱 세계 가운데 세계
바다 미진수의 모든 부처님이 계시는데, 낱낱

유세계해미진수보현보살　개역입차일체
**有世界海微塵數普賢菩薩**도 **皆亦入此一切**

제불비로자나여래장신삼매
**諸佛毗盧遮那如來藏身三昧**하시니라

이시　일일보현보살　개유시방일체제불
**爾時**에 **一一普賢菩薩**에 **皆有十方一切諸佛**이

이현기전　피제여래　동성찬언
**而現其前**하사 **彼諸如來**가 **同聲讚言**하시니라

선재선재　선남자　여능입차일체제불비
**善哉善哉**라 **善男子**야 **汝能入此一切諸佛毗**

로자나여래장신보살삼매
**盧遮那如來藏身菩薩三昧**로다

부처님 앞에 세계바다 미진수의 보현보살이 있어서 다 또한 이 일체제불비로자나여래장신 삼매에 들어갔다.

그 때에 낱낱 보현보살에게 다 시방의 일체 모든 부처님께서 그 앞에 나타나셔서 그 모든 여래께서 같은 음성으로 찬탄하셨다.

"훌륭하고 훌륭하다, 선남자여. 그대가 이 일 체제불비로자나여래장신보살삼매에 능히 들어 갔도다.

불자  차시시방일체제불   공가어여     이
**佛子**야 **此是十方一切諸佛**이 **共加於汝**시니 **以**

비로자나여래본원력고   역이여수일체제
**毗盧遮那如來本願力故**며 **亦以汝修一切諸**

불 행원 력고
**佛行願力故**니라

소위능전일체불법륜고   개현일체여래지
**所謂能轉一切佛法輪故**며 **開顯一切如來智**

혜해고   보조시방제안립해    실무여고
**慧海故**며 **普照十方諸安立海**하야 **悉無餘故**며

영일체중생   정치잡염    득청정고
**令一切衆生**으로 **淨治雜染**하야 **得清淨故**니라

보섭일체제대국토   무소착고   심입일체
**普攝一切諸大國土**하야 **無所著故**며 **深入一切**

제불경계   무장애고   보시일체불공덕
**諸佛境界**하야 **無障礙故**며 **普示一切佛功德**

불자여, 이것은 시방의 일체 모든 부처님께서 함께 그대에게 가피하심이니, 비로자나여래의 본원의 힘 때문이며, 또한 그대가 일체 모든 부처님의 행원을 닦은 힘 때문이다.

이른바 일체 부처님의 법륜을 능히 굴리는 연고이며, 일체 여래의 지혜바다를 열어 나타내는 연고이며, 시방의 모든 나란히 펼쳐져 있는 바다를 다 남김없이 널리 비추는 연고이며, 일체 중생으로 하여금 잡되고 물든 것을 깨끗이 다스려 청정함을 얻게 하는 연고이다.

일체 모든 큰 국토들을 널리 포섭하되 집착하는 바가 없는 연고이며, 일체 모든 부처님의

고
故 니라

능입일체제법실상　　증지혜고　　관찰일체
能入一切諸法實相하야 增智慧故며 觀察一切

제법문고　　요지일체중생근고　　능지일체
諸法門故며 了知一切衆生根故며 能持一切

제불여래　　교문해고
諸佛如來의 教文海故니라

이시　　시방일체제불　　즉여보현보살마하살
爾時에 十方一切諸佛이 卽與普賢菩薩摩訶薩에

능입일체지성력지
能入一切智性力智하시니라

여입법계무변량지　　여성취일체불경계
與入法界無邊量智하며 與成就一切佛境界

경계에 깊이 들어가 장애가 없는 연고이며, 일체 부처님의 공덕을 널리 보이는 연고이다.

일체 모든 법의 실상에 능히 들어가서 지혜를 증장하는 연고이며, 일체 모든 법문을 관찰하는 연고이며, 일체 중생의 근기를 요달해 아는 연고이며, 일체 모든 부처님 여래의 가르침바다를 능히 지니는 연고이다."


그 때에 시방의 일체 모든 부처님께서 곧 보현보살마하살에게 일체 지혜 성품의 힘에 능히 들어가는 지혜를 주셨다.

법계의 한량없음에 들어가는 지혜를 주시며,

지 　 여지일체세계해성괴지 　 여지일체
智하며 **與知一切世界海成壞智**하며 **與知一切**

중생계광대지 　 여주제불심심해탈무차별
**衆生界廣大智**하며 **與住諸佛甚深解脫無差別**

제삼매지
**諸三昧智**하시니라

여입일체보살제근해지 　 여지일체중생어
**與入一切菩薩諸根海智**하며 **與知一切衆生語**

언해 　 전법륜사변지 　 여보입법계일체세
**言海**로 **轉法輪辭辯智**하며 **與普入法界一切世**

계해신지 　 여득일체불음성지
**界海身智**하며 **與得一切佛音聲智**하시니라

일체 부처님의 경계를 성취하는 지혜를 주시며, 일체 세계바다의 이루어지고 무너짐을 아는 지혜를 주시며, 일체 중생계의 광대함을 아는 지혜를 주시며, 모든 부처님의 매우 깊은 해탈과 차별없는 모든 삼매에 머무르는 지혜를 주셨다.

일체 보살의 모든 근성바다에 들어가는 지혜를 주시며, 일체 중생의 언어바다를 알아서 법륜을 굴리는 변재의 지혜를 주시며, 법계 일체 세계바다의 몸에 널리 들어가는 지혜를 주시며, 일체 부처님의 음성을 얻는 지혜를 주셨다.

여차세계중여래전보현보살　　몽제불　　여
如此世界中如來前普賢菩薩이　蒙諸佛의　與

여시지　　　여시일체세계해　　급피세계해
如是智하야　如是一切世界海와　及彼世界海

일일진중　　소유보현　　실역여시　　　하이
一一塵中의　所有普賢도　悉亦如是하니　何以

고　증피삼매　법여시고
故오　證彼三昧에　法如是故니라


시시　　시방제불　　각서우수　　　마보현보살
是時에　十方諸佛이　各舒右手하사　摩普賢菩薩

정　　　기수　　개이상호장엄　　　묘망광서
頂하시니　其手가　皆以相好莊嚴하고　妙網光舒하고

향류염발
香流燄發하니라

8

이 세계의 여래 앞에 있는 보현보살이 모든 부처님의 이와 같은 지혜 주심을 입은 것과 같이, 이러한 일체 세계바다와 그리고 그 세계바다의 낱낱 티끌 가운데 있는 보현보살도 다 또한 이와 같았다. 무슨 까닭인가? 저 삼매를 증득하면 법이 이와 같은 까닭이다.

이 때에 시방의 모든 부처님께서 각각 오른손을 펴서서 보현보살의 정수리를 만지셨다. 그 손은 다 상호로 장엄되었고 미묘한 그물광명이 퍼지고 향기가 흐르며 불꽃이 발산하였다.

부출제불종종묘음     급이자재신통지사
復出諸佛種種妙音과 及以自在神通之事하야

과현미래일체보살     보현원해     일체여래     청
過現未來一切菩薩의 普賢願海와 一切如來의 清

정법륜     급삼세불     소유영상     개어중현
淨法輪과 及三世佛의 所有影像을 皆於中現하시니라


여차세계중보현보살     위시방불     소공마
如此世界中普賢菩薩이 爲十方佛의 所共摩

정         여시일체세계해     급피세계해일일진
頂하야 如是一切世界海와 及彼世界海一一塵

중     소유보현     실역여시     위시방불지소
中의 所有普賢도 悉亦如是하야 爲十方佛之所

마정
摩頂하시니라

또 모든 부처님의 갖가지 미묘한 음성과 자재하고 신통한 일을 내시니, 과거와 현재와 미래의 일체 보살의 보현행원바다와 일체 여래의 청정한 법륜과 그리고 삼세 부처님의 영상이 다 그 가운데 나타났다.

이 세계 중의 보현보살이 시방의 부처님께서 함께 정수리 만지심을 입은 것과 같이, 이러한 일체 세계바다와 그 세계바다 낱낱 티끌 가운데 있는 보현보살도 다 또한 이와 같이 시방의 부처님께서 정수리 만지심을 입었다.

이시　　보현보살　　즉종시삼매이기　　종차
爾時에 普賢菩薩이 卽從是三昧而起할새 從此

삼매기시　　즉종일체세계해미진수삼매해
三昧起時에 卽從一切世界海微塵數三昧海

문기
門起하시니라

소위종지삼세염념무차별선교지삼매문기
所謂從知三世念念無差別善巧智三昧門起며

종지삼세일체법계소유미진삼매문기　　종
從知三世一切法界所有微塵三昧門起며 從

현삼세일체불찰삼매문기
現三世一切佛刹三昧門起하시니라

종현일체중생사택삼매문기　　종지일체
從現一切衆生舍宅三昧門起며 從知一切

중생심해삼매문기　　종지일체중생각별명
衆生心海三昧門起며 從知一切衆生各別名

그 때에 보현보살이 곧 이 삼매에서 일어났다. 이 삼매에서 일어날 때에 곧 일체 세계바다 미진수의 삼매바다문에서 일어났다.

이른바 삼세의 생각생각에 차별없는 선교지혜를 아는 삼매문에서 일어나며, 삼세의 일체 법계에 있는 미진을 아는 삼매문에서 일어나며, 삼세의 일체 부처님 세계를 나타내는 삼매문에서 일어났다.

일체 중생의 집을 나타내는 삼매문에서 일어나며, 일체 중생의 마음바다를 아는 삼매문에서 일어나며, 일체 중생의 각각 다른 이름을 아는 삼매문에서 일어났다.

자 삼 매 문 기
字三昧門起하시니라

종 지 시 방 법 계 처 소 각 차 별 삼 매 문 기    종 지
從知十方法界處所各差別三昧門起며 從知

일 체 미 진 중 각 유 무 변 광 대 불 신 운 삼 매 문 기
一切微塵中各有無邊廣大佛身雲三昧門起며

종 연 설 일 체 법 이 취 해 삼 매 문 기
從演說一切法理趣海三昧門起하시니라

보 현 보 살    종 여 시 등 삼 매 문 기 시    기 제 보
普賢菩薩이 從如是等三昧門起時에 其諸菩

살    일 일 각 득 세 계 해 미 진 수    삼 매 해 운    세
薩이 一一各得世界海微塵數의 三昧海雲과 世

계 해 미 진 수    다 라 니 해 운    세 계 해 미 진 수
界海微塵數의 陀羅尼海雲과 世界海微塵數의

시방 법계의 처소가 각각 차별함을 아는 삼매문에서 일어나며, 일체 미진 가운데 각각 가없이 광대한 부처님 몸구름이 있음을 아는 삼매문에서 일어나며, 일체 법의 이치에 나아가는 바다를 연설하는 삼매문에서 일어났다.

보현보살이 이와 같은 삼매문에서 일어날 때에 그 모든 보살들이 낱낱이 각각 세계바다 미진수의 삼매바다구름과, 세계바다 미진수의 다라니바다구름과, 세계바다 미진수의 모든 법의 방편바다구름과, 세계바다 미진수의 변재문바다구름과, 세계바다 미진수의 수행바다

제법방편해운　세계해미진수　변재문해
**諸法方便海雲**과 **世界海微塵數**의 **辯才門海**

운　세계해미진수　수행해운　세계해미진
**雲**과 **世界海微塵數**의 **修行海雲**과 **世界海微塵**

수　보조법계일체여래공덕장지광명해운
**數**의 **普照法界一切如來功德藏智光明海雲**과

세계해미진수　일체여래제력지혜무차별
**世界海微塵數**의 **一切如來諸力智慧無差別**

방편해운　세계해미진수　일체여래일일
**方便海雲**과 **世界海微塵數**의 **一切如來一一**

모공중각현중찰해운　세계해미진수　일
**毛孔中各現衆刹海雲**과 **世界海微塵數**의 **一**

일보살　시현종도솔천궁몰　하생성불전
**一菩薩**이 **示現從兜率天宮沒**하사 **下生成佛轉**

정법륜반열반등해운
**正法輪般涅槃等海雲**하시니라

구름과, 세계바다 미진수의 법계 일체 여래의 공덕장을 널리 비추는 지혜광명바다구름과, 세계바다 미진수의 일체 여래의 모든 힘과 지혜가 차별없는 방편바다구름과, 세계바다 미진수의 일체 여래께서 낱낱 모공 가운데 각각 온갖 세계를 나타내시는 바다구름과, 세계바다 미진수의 낱낱 보살이 도솔천궁전에서 떠나 내려와서 탄생하며 성불하고 바른 법륜을 굴리며 열반에 드는 등을 나타내 보이는 바다구름을 얻었다.

여차세계중보현보살   종삼매기   제보살중
如此世界中普賢菩薩이 從三昧起에 諸菩薩衆이

획여시익   여시일체세계해   급피세계해
獲如是益하야 如是一切世界海와 及彼世界海

소유미진   일일진중   실역여시
所有微塵의 一一塵中에도 悉亦如是하니라

이시   시방일체세계해   이제불위신력   급
爾時에 十方一切世界海가 以諸佛威神力과 及

보현보살삼매력고   실개미동   일일세계
普賢菩薩三昧力故로 悉皆微動하며 一一世界가

중보장엄   급출묘음   연설제법
衆寶莊嚴하며 及出妙音하야 演說諸法하니라

부어일체여래중회도량해중   보우십종대
復於一切如來衆會道場海中에 普雨十種大

이 세계 가운데 보현보살이 삼매에서 일어날 때에 모든 보살 대중들이 이와 같은 이익을 얻음과 같이, 이러한 일체 세계바다와 그 세계바다에 있는 미진의 낱낱 티끌 가운데서도 다 또한 이와 같았다.

그 때에 시방의 일체 세계바다가 모든 부처님의 위신력과 보현보살의 삼매력으로 모두 다 조금씩 흔들렸다. 낱낱 세계가 온갖 보배로 장엄되었으며, 그리고 미묘한 소리를 내어서 모든 법을 연설하였다.

또 일체 여래의 대중들이 모인 도량바다 가운

마니왕운
**摩尼王雲**하시니라

하등 위십 소위묘금성당마니왕운 광명
**何等**이 **爲十**고 **所謂妙金星幢摩尼王雲**과 **光明**

조요마니왕운 보륜수하마니왕운 중보장
**照耀摩尼王雲**과 **寶輪垂下摩尼王雲**과 **衆寶藏**

현보살상마니왕운
**現菩薩像摩尼王雲**이니라

칭양불명마니왕운 광명치성보조일체불
**稱揚佛名摩尼王雲**과 **光明熾盛普照一切佛**

찰도량마니왕운 광조시방종종변화마니
**刹道場摩尼王雲**과 **光照十方種種變化摩尼**

왕운 칭찬일체보살공덕마니왕운 여일
**王雲**과 **稱讚一切菩薩功德摩尼王雲**과 **如日**

광치성마니왕운 열의악음주문시방마니
**光熾盛摩尼王雲**과 **悅意樂音周聞十方摩尼**

데 열 가지 큰 마니왕구름을 널리 비 내렸다.

무엇이 열 가지인가. 이른바 묘한 금성 깃대 마니왕구름과, 광명이 밝게 비치는 마니왕구름과, 보배바퀴가 아래로 드리운 마니왕구름과, 온갖 보배 창고가 보살의 형상을 나타내는 마니왕구름들이었다.

부처님 명호를 드날리는 마니왕구름과, 광명이 치성하여 일체 부처님 세계의 도량을 널리 비추는 마니왕구름과, 광명이 시방을 비추어 갖가지로 변화하는 마니왕구름과, 일체 보살의 공덕을 칭찬하는 마니왕구름과, 햇빛처럼 치성한 마니왕구름과, 뜻에 즐거운 음악 소리가 시

왕 운
王雲이니라

보우여시십종대마니왕운이　일체여래　제
普雨如是十種大摩尼王雲已에 一切如來가 諸

모공중　함방광명　어광명중　이설송언
毛孔中에 咸放光明하사 於光明中에 而說頌言하시니라

보현변주어제찰　　　좌보련화중소관
普賢徧住於諸刹하야　坐寶蓮華衆所觀이라

일체신통미불현　　　무량삼매개능입
一切神通靡不現하며　無量三昧皆能入이로다

방에 두루 들리는 마니왕구름들이었다.

이와 같은 열 가지 큰 마니왕구름을 널리 비
내리고 나서, 일체 여래께서 모든 모공 중에서
다 광명을 놓으시고, 광명 가운데서 게송을
설하여 말씀하셨다.

보현보살이 모든 세계에 두루 머물러
보배연꽃에 앉아있음을 대중들이 보니
일체 신통을 나타내지 않음이 없으며
한량없는 삼매에 다 능히 들어갔도다.

보현항이종종신
普賢恒以種種身으로

법계주류실충만
法界周流悉充滿하야

삼매신통방편력
三昧神通方便力을

원음광설개무애
圓音廣說皆無礙로다

일체찰중제불소
一切刹中諸佛所에

종종삼매현신통
種種三昧現神通하니

일일신통실주변
一一神通悉周徧하야

시방국토무유자
十方國土無遺者로다

여일체찰여래소
如一切刹如來所하야

피찰진중실역연
彼刹塵中悉亦然하니

소현삼매신통사
所現三昧神通事가

비로자나지원력
毗盧遮那之願力이로다

보현보살이 항상 갖가지 몸으로
법계에 두루 흘러 모두 충만해서
삼매와 신통과 방편의 힘을
원음으로 널리 설하여 다 걸림없도다.


일체 세계의 모든 부처님 처소에
갖가지 삼매로 신통을 나타내니
낱낱 신통이 다 두루하여
시방 국토에 남은 곳이 없도다.


일체 세계의 여래 처소와 같이
그 세계 티끌 중에도 다 또한 그러하니
나타낸 삼매와 신통의 일이
비로자나부처님의 원력이로다.

보현신상여허공
普賢身相如虛空하야

의진이주비국토
依眞而住非國土로대

수제중생심소욕
隨諸衆生心所欲하야

시현보신등일체
示現普身等一切로다

보현안주제대원
普賢安住諸大願하야

획차무량신통력
獲此無量神通力이라

일체불신소유찰
一切佛身所有刹에

실현기형이예피
悉現其形而詣彼로다

일체중해무유변
一切衆海無有邊일새

분신주피역무량
分身住彼亦無量이라

소현국토개엄정
所現國土皆嚴淨하야

일찰나중견다겁
一刹那中見多劫이로다

보현보살의 몸모습은 허공과 같아서
참됨을 의지하여 머무르고 국토가 아니나
모든 중생들의 마음에 하고자 하는 바를 따라서
넓은 몸을 나타내어 일체에 평등하도다.

보현보살이 모든 큰 서원에 안주하여
이 한량없는 신통력을 얻어서
일체 부처님 몸이 계시는 세계에
다 그 형상을 나타내어 그곳에 나아가도다.

일체 대중바다가 끝이 없어서
분신으로 그곳에 머무름도 한량없고
나타난 국토를 다 깨끗이 장엄하여
한 찰나 가운데 많은 겁을 보이도다.

보현안주일체찰
普賢安住一切刹하니

소현신통승무비
所現神通勝無比라

진동시방미부주
震動十方靡不周하야

영기관자실득견
令其觀者悉得見이로다

일체불지공덕력
一切佛智功德力과

종종대법개성만
種種大法皆成滿하야

이제삼매방편문
以諸三昧方便門으로

시이왕석보리행
示已往昔菩提行이로다

여시자재부사의
如是自在不思議로

시방국토개시현
十方國土皆示現이

위현보입제삼매
爲顯普入諸三昧일새

불광운중찬공덕
佛光雲中讚功德이로다

보현보살이 일체 세계에 안주하니
나타난 신통이 수승하여 비할 데 없고
시방세계를 두루 다 진동하여
그 관하는 이로 하여금 다 보게 하도다.

일체 부처님의 지혜와 공덕의 힘과
갖가지 큰 법이 다 원만함을 이루어
모든 삼매와 방편문으로
지난 옛적의 보리행을 보이도다.

이와 같이 부사의한 자재로
시방의 국토를 다 나타내 보이고
모든 삼매에 널리 들어감을 나타내기 위하여
부처님의 광명구름 속에서 공덕을 찬탄하도다.

이시　　　일체보살중　　　개향보현　　　합장첨
**爾時**에 **一切菩薩衆**이 **皆向普賢**하사 **合掌瞻**

앙　　　승불신력　　　동성찬언
**仰**하고 **承佛神力**하야 **同聲讚言**하시니라

종제불법이출생　　　　　역인여래원력기
**從諸佛法而出生**하며　　　**亦因如來願力起**라

진여평등허공장　　　　　여이엄정차법신
**眞如平等虛空藏**에　　　**汝已嚴淨此法身**이로다

일체불찰중회중　　　　　보현변주어기소
**一切佛刹衆會中**에　　　**普賢徧住於其所**라

공덕지해광명자　　　　　등조시방무불견
**功德智海光明者**가　　　**等照十方無不見**이로다

그 때에 일체 보살 대중이 다 보현보살을 향하여 합장하고 우러러보며 부처님의 위신력을 받들어 같은 음성으로 찬탄하여 말씀하였다.

모든 부처님의 법으로부터 출생하였으며
또한 여래의 원력을 인하여 일어났으니
진여의 평등한 허공장이라
그대가 이미 이 법신을 청정하게 장엄하였도다.

일체 부처님 세계의 대중모임 가운데
보현보살이 그곳에 두루 머무르며
공덕과 지혜바다 광명이
시방을 고루 비추어 다 보게 하도다.

보현광대공덕해
**普賢廣大功德海**여

변왕시방친근불
**徧往十方親近佛**하사

일체진중소유찰
**一切塵中所有刹**에

실능예피이명현
**悉能詣彼而明現**이로다

불자아조상견여
**佛子我曹常見汝**호니

제여래소실친근
**諸如來所悉親近**하야

주어삼매실경중
**住於三昧實境中**을

일체국토미진겁
**一切國土微塵劫**이로다

불자능이보변신
**佛子能以普徧身**으로

실예시방제국토
**悉詣十方諸國土**하사

중생대해함제도
**衆生大海咸濟度**하야

법계미진무불입
**法界微塵無不入**이로다

**20**

보현보살의 광대한 공덕바다여
시방에 두루 가서 부처님을 친근하고
일체 티끌 가운데 있는 세계에
그곳에 다 나아가 밝게 나타나도다.

불자여, 우리들이 항상 그대를 보니
모든 여래의 처소를 다 친근하여
삼매의 실다운 경계 가운데
일체 국토의 미진겁 동안 머물렀도다.

불자여, 능히 널리 두루하는 몸으로
시방의 모든 국토에 다 나아가서
중생들 큰 바다를 모두 제도하여
법계의 미진에 다 들어가도다.

입 어 법 계 일 체 진
入於法界一切塵하니

기 신 무 진 무 차 별
其身無盡無差別이라

비 여 허 공 실 주 변
譬如虛空悉周徧하야

연 설 여 래 광 대 법
演說如來廣大法이로다

일 체 공 덕 광 명 자
一切功德光明者가

여 운 광 대 력 수 승
如雲廣大力殊勝하야

중 생 해 중 개 왕 예
衆生海中皆往詣하사

설 불 소 행 무 등 법
說佛所行無等法이로다

위 도 중 생 어 겁 해
爲度衆生於劫海에

보 현 승 행 개 수 습
普賢勝行皆修習하사

연 일 체 법 여 대 운
演一切法如大雲하니

기 음 광 대 미 불 문
其音廣大靡不聞이로다

법계의 일체 티끌에 들어가니
그 몸이 다함없고 차별도 없어
비유하면 허공이 다 두루함과 같이
여래의 광대한 법을 연설하도다.


일체 공덕과 광명 지닌 이
구름처럼 넓고 큰 힘이 수승하여
중생바다 가운데 다 나아가서
부처님께서 행하신 같음 없는 법을 설하도다.


중생을 제도하기 위하여 겁바다에서
보현보살의 수승한 행을 모두 닦아
일체 법을 연설함이 큰 구름 같아서
그 음성이 광대하여 들리지 않음이 없도다.

국토운하득성립
**國土云何得成立**과

제불운하이출현
**諸佛云何而出現**과

급이일체중생해
**及以一切衆生海**를

원수기의여실설
**願隨其義如實說**하소서

차중무량대중해
**此中無量大衆海**가

실재존전공경주
**悉在尊前恭敬住**하니

위전청정묘법륜
**爲轉淸淨妙法輪**하사

일체제불개수희
**一切諸佛皆隨喜**케하소서

국토는 어떻게 성립되었으며
모든 부처님은 어떻게 출현하시며
그리고 일체 중생바다를
원컨대 그 뜻을 따라 여실히 설해주소서.


이 가운데 한량없는 대중바다가
모두 높으신 분 앞에 공경히 머물러 있으니
위하여 청정하고 묘한 법륜을 굴려서
일체 모든 부처님께서 다 따라 기뻐하시게 하소서.

# 대방광불화엄경
## 제7권

# 4. 세계성취품

如是我聞一時
提場中始成正
資輪及衆寶華
海無邊顯現塵
衆寶羅網妙香
現自在雨無盡
行列枝葉光茂
嚴於中影現其
瑠璃爲幹衆雜
菩如雲寶華雜
其果舍輝發燄
月六七月

# 대방광불화엄경 권제칠
## 大方廣佛華嚴經 卷第七

## 세계성취품 제사
### 世界成就品 第四

이시　보현보살마하살　이불신력　변관
爾時에 普賢菩薩摩訶薩이 以佛神力으로 徧觀

찰일체세계해　일체중생해　일체제불
察一切世界海와 一切衆生海와 一切諸佛

해　일체법계해　일체중생업해　일체중
海와 一切法界海와 一切衆生業海와 一切衆

생근욕해　일체제불법륜해　일체삼세해
生根欲海와 一切諸佛法輪海와 一切三世海와

# 대방광불화엄경 제7권

## 4. 세계성취품

그 때에 보현보살마하살이 부처님의 위신력

으로 일체 세계바다와 일체 중생바다와 일체

모든 부처님바다와 일체 법계바다와 일체 중

생의 업바다와 일체 중생의 근성과 욕망바다

와 일체 모든 부처님의 법륜바다와 일체 삼세

바다와 일체 여래의 원력바다와 일체 여래의

일체여래원력해　일체여래신변해
一切如來願力海와　一切如來神變海하시니라

여시관찰이　보고일체도량중해제보살
如是觀察已하고　普告一切道場衆海諸菩薩

언
言하시니라

불자　제불세존　지일체세계해성괴청정
佛子야　諸佛世尊의　知一切世界海成壞淸淨

지　불가사의　지일체중생업해지　불가사
智가　不可思議며　知一切衆生業海智가　不可思

의　지일체법계안립해지　불가사의　설일
議며　知一切法界安立海智가　不可思議며　說一

체무변불해지　불가사의　입일체욕해근
切無邊佛海智가　不可思議며　入一切欲解根

신통변화바다를 두루 관찰하였다.

이와 같이 관찰하고 나서 널리 일체 도량 대 중바다의 모든 보살들에게 일러 말씀하였다.

"불자들이여, 모든 부처님 세존께서 일체 세 계바다의 이루어지고 무너짐을 아시는 청정한 지혜가 불가사의하며, 일체 중생의 업바다를 아시는 지혜가 불가사의하며, 일체 법계가 나 란히 펼쳐진 바다를 아시는 지혜가 불가사의 하며, 일체 가없는 부처님바다를 설하시는 지 혜가 불가사의하며, 일체 욕망과 이해와 근성

해지　불가사의
海智가 不可思議니라

일념보지일체삼세지　불가사의　현시일체
一念普知一切三世智가 不可思議며 顯示一切

여래무량원해지　불가사의　시현일체불
如來無量願海智가 不可思議며 示現一切佛

신변해지　불가사의　전법륜지　불가사
神變海智가 不可思議며 轉法輪智가 不可思

의　건립연설해　불가사의
議며 建立演說海가 不可思議니라

청정불신　불가사의　무변색상해보조명
淸淨佛身이 不可思議며 無邊色相海普照明이

불가사의　상급수호개청정　불가사의　무
不可思議며 相及隨好皆淸淨이 不可思議며 無

변색상　광명륜해구족청정　불가사의　종
邊色相의 光明輪海具足淸淨이 不可思議며 種

바다에 들어가시는 지혜가 불가사의하다.

한 생각에 일체 삼세를 널리 아시는 지혜가 불가사의하며, 일체 여래의 한량없는 원력바다를 나타내 보이시는 지혜가 불가사의하며, 일체 부처님의 신통변화바다를 나타내 보이시는 지혜가 불가사의하며, 법륜을 굴리시는 지혜가 불가사의하며, 연설바다를 건립하심이 불가사의하다.

청정하신 부처님 몸이 불가사의하며, 가없는 색상바다가 널리 밝게 비침이 불가사의하며, 상과 수호가 다 청정하심이 불가사의하며, 가없는 색상의 광명바퀴바다가 구족하고 청정하

종색상  광명운해  불가사의
種色相의 光明雲海가 不可思議니라

수승보염해  불가사의  성취언음해  불가
殊勝寶燄海가 不可思議며 成就言音海가 不可

사의  시현삼종자재해  불가사의  조복성
思議며 示現三種自在海가 不可思議며 調伏成

숙일체중생  불가사의  용맹조복제중생
熟一切衆生이 不可思議며 勇猛調伏諸衆生

해  무공과자  불가사의
海하야 無空過者가 不可思議니라

안주불지  불가사의  입여래경계  불가사
安住佛地가 不可思議며 入如來境界가 不可思

의  위력호지  불가사의  관찰일체불지소
議며 威力護持가 不可思議며 觀察一切佛智所

행  불가사의  제력원만  무능최복  불
行이 不可思議며 諸力圓滿하야 無能摧伏이 不

심이 불가사의하며, 갖가지 색상의 광명구름 바다가 불가사의하다.

수승한 보배불꽃바다가 불가사의하며, 언어와 음성바다를 성취하심이 불가사의하며, 세 가지 자재바다를 나타내 보이심이 불가사의하며, 일체 중생을 조복하고 성숙하게 하심이 불가사의하며, 용맹스럽게 모든 중생바다를 조복하셔서 헛되이 지남이 없는 것이 불가사의하다.

부처님의 지위에 편안히 머무름이 불가사의하며, 여래의 경계에 들어감이 불가사의하며, 위신력으로 보호하여 유지함이 불가사의하며, 일체 부처님께서 지혜로 행하신 바를 관찰함

가사의
可思議니라

무외공덕 무능과자 불가사의 주무차별
無畏功德을 無能過者가 不可思議며 住無差別

삼매 불가사의 신통변화 불가사의 청
三昧가 不可思議며 神通變化가 不可思議며 淸

정자재지 불가사의 일체불법 무능훼
淨自在智가 不可思議며 一切佛法을 無能毁

괴 불가사의
壞가 不可思議니라

여시등일체법 아당승불신력 급일체어
如是等一切法을 我當承佛神力과 及一切如

래위신력고 구족선설
來威神力故로 具足宣說호리라

이 불가사의하며, 모든 힘이 원만하셔서 능히 꺾어 조복할 수 없음이 불가사의하다.

두려움 없는 공덕을 능히 지나갈 이가 없음이 불가사의하며, 차별없는 삼매에 머무르심이 불가사의하며, 신통변화가 불가사의하며, 청정하고 자재한 지혜가 불가사의하며, 일체 부처님 법을 능히 무너뜨릴 수 없음이 불가사의하다.

이와 같은 일체 법을 내가 마땅히 부처님의 위신력과 일체 여래의 위신력을 받드는 연고로 구족히 연설하리라.

위령중생　　　입불지혜해고　　위령일체보
爲令衆生으로　入佛智慧海故며　爲令一切菩

살　　어불공덕해중　　득안주고　　위령일체
薩로　於佛功德海中에　得安住故며　爲令一切

세계해　　일체불　　자재소장엄고
世界海로　一切佛이　自在所莊嚴故니라

위령일체겁해중　　여래종성　　항부단고　　위
爲令一切劫海中에　如來種性이　恒不斷故며　爲

령어일체세계해중　　현시제법진실성고　　위
令於一切世界海中에　顯示諸法眞實性故며　爲

령수일체중생　　무량해해　　이연설고　　위
令隨一切衆生의　無量解海하야　而演說故며　爲

령수일체중생　　제근해　　방편영생제불법
令隨一切衆生의　諸根海하야　方便令生諸佛法

고
故니라

중생들로 하여금 부처님의 지혜바다에 들어가게 하려는 연고이며, 일체 보살로 하여금 부처님의 공덕바다 가운데 안주하게 하려는 연고이며, 일체 세계바다로 하여금 일체 부처님께서 자재하게 장엄하신 바이게 하려는 연고이다.

일체 겁바다 가운데 여래의 종성이 항상 끊어지지 않게 하려는 연고이며, 일체 세계바다 가운데 모든 법의 진실성을 나타내 보이게 하려는 연고이며, 일체 중생의 한량없는 이해바다를 따라서 연설하려는 연고이며, 일체 중생의 모든 근기바다를 따라서 방편으로 모든 부처님 법을 내게 하려는 연고이다.

위령수일체중생　　낙욕해　　최파일체장애
爲令隨一切衆生의 樂欲海하야 摧破一切障礙

산고　　위령수일체중생　　심행해　　영정수
山故며 爲令隨一切衆生의 心行海하야 令淨修

치출요도고　　위령일체보살　　안주보현원
治出要道故며 爲令一切菩薩로 安住普賢願

해중고
海中故니라


시시　　보현보살　　부욕령무량도량중해　　생
是時에 普賢菩薩이 復欲令無量道場衆海로 生

환희고　　영어일체법　　증장애락고　　영생광
歡喜故며 令於一切法에 增長愛樂故며 令生廣

대진실신해해고　　영정치보문법계장신
大眞實信解海故며 令淨治普門法界藏身

일체 중생의 욕락바다를 따라서 일체 장애의 산을 꺾어 무너뜨리게 하려는 연고이며, 일체 중생의 심행바다를 따라서 벗어나는 요긴한 길을 깨끗이 닦게 하려는 연고이며, 일체 보살이 보현의 서원바다 가운데 안주하게 하려는 연고이다."

이 때에 보현보살이 또 한량없는 도량의 대중바다로 하여금 환희를 내게 하려는 연고이며, 일체 법에 애락을 증장하게 하려는 연고이며, 광대하고 진실한 믿음과 이해바다를 내게 하려는 연고이며, 넓은 문의 법계장신을 깨끗

고　　영안립보현원해고　　영정치입삼세평
故며 令安立普賢願海故며 令淨治入三世平

등지안고　　영증장보조일체세간장대혜해
等智眼故며 令增長普照一切世間藏大慧海

고　　영생다라니력　　지일체법륜고　　영어
故며 令生陀羅尼力하야 持一切法輪故며 令於

일체도량중　　진불경계실개시고　　영개천
一切道場中에 盡佛境界悉開示故며 令開闡

일체여래법문고　　영증장법계광대심심일
一切如來法門故며 令增長法界廣大甚深一

체지성고　　즉설송언
切智性故로 卽說頌言하시니라

이 다스리게 하려는 연고이며, 보현의 서원바다를 나란히 펼치게 하려는 연고이며, 삼세가 평등한 데 들어가는 지혜의 눈을 깨끗이 다스리게 하려는 연고이며, 일체 세간창고를 널리 비추는 큰 지혜바다를 증장하게 하려는 연고이며, 다라니의 힘을 내어 일체 법륜을 지니게 하려는 연고이며, 일체 도량 가운데에 부처님의 경계를 모두 다 열어 보이게 하려는 연고이며, 일체 여래의 법문을 열게 하려는 연고이며, 법계의 광대하고 매우 깊은 일체 지혜 성품을 증장하게 하려는 연고로 곧 게송을 설하여 말씀하였다.

지혜심심공덕해
**智慧甚深功德海**가

보현시방무량국
**普現十方無量國**하사

수제중생소응견
**隨諸衆生所應見**하야

광명변조전법륜
**光明徧照轉法輪**이로다

시방찰해파사의
**十方刹海叵思議**를

불무량겁개엄정
**佛無量劫皆嚴淨**하시고

위화중생사성숙
**爲化衆生使成熟**하사

출흥일체제국토
**出興一切諸國土**로다

불경심심난가사
**佛境甚深難可思**를

보시중생영득입
**普示衆生令得入**이어시늘

기심락소착제유
**其心樂小著諸有**일새

불능통달불소오
**不能通達佛所悟**로다

지혜의 매우 깊은 공덕바다가
시방의 한량없는 국토에 널리 나타나
모든 중생들의 마땅히 볼 바를 따라서
광명을 두루 비추어 법륜을 굴리시도다.

사의하기 어려운 시방 세계바다를
부처님께서 한량없는 겁 동안 다 깨끗이 장엄하시고
중생들을 교화하여 성숙하게 하시려고
일체 모든 국토에 출현하시도다.

부처님의 경계는 매우 깊어 생각하기 어려운데
중생들에게 널리 보여 들어가게 하시거늘
그 마음이 소승을 즐겨 모든 존재에 집착하니
부처님의 깨달으신 바를 통달하지 못하도다.

약유정신견고심
若有淨信堅固心이면

상득친근선지식
常得親近善知識이니

일체제불여기력
一切諸佛與其力하야사

차내능입여래지
此乃能入如來智로다

이제첨광심청정
離諸諂誑心淸淨하고

상요자비성환희
常樂慈悲性歡喜하며

지욕광대심신인
志欲廣大深信人은

피문차법생흔열
彼聞此法生欣悅이로다

안주보현제원지
安住普賢諸願地하고

수행보살청정도
修行菩薩淸淨道하며

관찰법계여허공
觀察法界如虛空하야사

차내능지불행처
此乃能知佛行處로다

만약 깨끗한 믿음과 견고한 마음이 있으면
항상 선지식을 친근하리니
일체 모든 부처님께서 그 힘을 주셔야
이에 능히 여래의 지혜에 들어가리라.

모든 아첨과 속임을 여의어 마음이 청정하고
항상 자비를 좋아하여 성품이 환희하며
뜻이 광대하고 신심이 깊은 사람
그는 이 법을 듣고 기뻐하리라.

보현의 모든 서원의 땅에 안주하고
보살의 청정한 도를 수행하며
법계가 허공 같음을 관찰하여야
이에 능히 부처님의 행하신 곳을 알리라.

차제보살획선리
**此諸菩薩獲善利**하야

견불일체신통력
**見佛一切神通力**하나니

수여도자막능지
**修餘道者莫能知**요

보현행인방득오
**普賢行人方得悟**로다

중생광대무유변
**衆生廣大無有邊**이어늘

여래일체개호념
**如來一切皆護念**하사

전정법륜미부지
**轉正法輪靡不至**하시니

비로자나경계력
**毗盧遮那境界力**이로다

일체찰토입아신
**一切刹土入我身**하며

소주제불역부연
**所住諸佛亦復然**하니

여응관아제모공
**汝應觀我諸毛孔**하라

아금시여불경계
**我今示汝佛境界**하리라

이 모든 보살들이 좋은 이익 얻어서
부처님의 일체 신통력을 보나니
다른 도를 닦는 이는 알 수 없고
보현행을 하는 이라야 깨달음을 얻으리라.

중생들이 광대하여 끝이 없는데
여래께서 일체를 다 호념하셔서
바른 법륜을 굴려 다 이르게 하시니
비로자나부처님 경계의 힘이로다.

일체 세계 국토가 내 몸에 들어오며
머무르시는 모든 부처님도 또한 그러하니
그대는 마땅히 나의 모든 모공을 관해보라
내가 지금 그대에게 부처님의 경계를 보이리라.

보현행원무변제 　　 아이수행득구족
普賢行願無邊際어늘 　 我已修行得具足이라

보안경계광대신 　　 시불소행응체청
普眼境界廣大身이여 　 是佛所行應諦聽이어다

이시 　 보현보살마하살 　 고제대중언
爾時에 普賢菩薩摩訶薩이 告諸大衆言하시니라

제불자 　 세계해 　 유십종사 　 과거현재미
諸佛子야 世界海에 有十種事하야 過去現在未

래제불 　 이설현설당설
來諸佛이 已說現說當說이시니라

보현행원은 끝이 없으나

내가 이미 수행하여 구족하였고

보안의 경계와 광대한 몸은

부처님께서 행하신 바이니 자세히 들을지어다.


그 때에 보현보살마하살이 모든 대중들에게

일러 말씀하였다.


"모든 불자들이여, 세계바다에 열 가지 일이

있어서 과거와 현재와 미래의 모든 부처님께서

이미 말씀하셨고 지금 말씀하시며 앞으로도

말씀하실 것이다.

하자　위십　소위세계해기구인연　세계해
何者가 爲十고 所謂世界海起具因緣과 世界海

소의주　세계해형상　세계해체성　세계해
所依住와 世界海形狀과 世界海體性과 世界海

장엄　세계해청정　세계해불출흥　세계해
莊嚴과 世界海淸淨과 世界海佛出興과 世界海

겁주　세계해겁전변차별　세계해무차별
劫住와 世界海劫轉變差別과 世界海無差別

문
門이니라

제불자　약설세계해　유차십사　약광설
諸佛子야 略說世界海의 有此十事어니와 若廣說

자　여세계해미진수　등　과거현재미래
者인댄 與世界海微塵數로 等하니 過去現在未來

제불　이설현설당설
諸佛이 已說現說當說이시니라

무엇이 열 가지인가. 이른바 세계바다가 일어날 때 갖춘 인연과, 세계바다가 의지하여 머무르는 것과, 세계바다의 형상과, 세계바다의 체성과, 세계바다의 장엄과, 세계바다의 청정과, 세계바다의 부처님 출현과, 세계바다의 겁이 머무름과, 세계바다의 겁이 전변하는 차별과, 세계바다의 차별없는 문이다.

모든 불자들이여, 간략히 말해서 세계바다에 이 열 가지 일이 있으나, 만약 널리 말한다면 세계바다 미진수와 같다. 과거와 현재와 미래의 모든 부처님께서 이미 말씀하셨고 지금 말씀하시며 앞으로도 말씀하실 것이다.

제불자  약설이십종인연고    일체세계해
諸佛子야 略說以十種因緣故로 一切世界海가

이성현성당성
已成現成當成호리니라

하자    위십    소위여래신력고    법응여시
何者가 爲十고 所謂如來神力故며 法應如是

고    일체중생    행업고    일체보살    성일체
故며 一切衆生의 行業故며 一切菩薩이 成一切

지소득고    일체중생    급제보살    동집선근
智所得故며 一切衆生과 及諸菩薩이 同集善根

고
故니라

일체보살    엄정국토원력고    일체보살    성
一切菩薩이 嚴淨國土願力故며 一切菩薩이 成

취불퇴행원고    일체보살    청정승해    자재
就不退行願故며 一切菩薩의 淸淨勝解가 自在

모든 불자들이여, 간략히 말하면 열 가지 인연으로 말미암아 일체 세계바다가 이미 이루어졌고 지금 이루어지며 앞으로도 이루어질 것이다.

무엇이 열 가지인가. 이른바 여래의 위신력인 연고이며, 법이 마땅히 이와 같은 연고이며, 일체 중생의 행업인 연고이며, 일체 보살이 일체 지혜를 이루어서 얻은 바인 연고이며, 일체 중생과 모든 보살들이 함께 선근을 모은 연고이다.

일체 보살이 국토를 깨끗이 장엄한 원력인 연고이며, 일체 보살이 물러나지 않는 행원을 성취한 연고이며, 일체 보살의 청정하고 수승한 이해가 자재한 연고이며, 일체 여래의 선근

고　일체여래　선근소류　급일체제불　성
故며 一切如來의 善根所流와 及一切諸佛의 成

도시자재세력고　보현보살　자재원력고
道時自在勢力故며 普賢菩薩의 自在願力故니라

제불자　시위약설십종인연　　약광설
諸佛子야 是爲略說十種因緣이어니와 若廣說

자　유세계해미진수
者인댄 有世界海微塵數니라

이시　보현보살　욕중선기의　　승불위
爾時에 普賢菩薩이 欲重宣其義하사 承佛威

력　관찰시방　이설송언
力하사 觀察十方하고 而說頌言하시니라

에서 흘러나온 것과 일체 모든 부처님께서 성도하실 때의 자재한 세력인 연고이며, 보현보살의 자재한 원력인 연고이다.

모든 불자들이여, 이것이 간략하게 열 가지 인연을 말한 것이다. 만약 널리 말한다면 세계 바다의 미진수가 있다."


그 때에 보현보살이 그 뜻을 거듭 펴려고 부처님의 위신력을 받들어 시방을 관찰하고 게송을 설하여 말씀하였다.

소설무변중찰해
所說無邊衆刹海를

비로자나실엄정
毗盧遮那悉嚴淨하시니

세존경계부사의
世尊境界不思議여

지혜신통력여시
智慧神通力如是로다

보살수행제원해
菩薩修行諸願海하야

보수중생심소욕
普隨衆生心所欲하나니

중생심행광무변
衆生心行廣無邊일새

보살국토변시방
菩薩國土徧十方이로다

보살취어일체지
菩薩趣於一切智하야

근수종종자재력
勤修種種自在力일새

무량원해보출생
無量願海普出生하야

광대찰토개성취
廣大刹土皆成就로다

설하신 바 가없는 온갖 세계바다를
비로자나부처님께서 다 깨끗이 장엄하시니
세존의 경계가 부사의함이여
지혜와 신통의 힘이 이와 같도다.


보살이 모든 서원바다를 수행하여
널리 중생들 마음에 하고자 하는 바를 따르니
중생들의 심행이 넓고 가없어서
보살의 국토가 시방에 두루하도다.


보살이 일체지에 나아가서
갖가지 자재한 힘을 부지런히 닦으니
한량없는 서원바다를 널리 출생하여
광대한 세계를 다 성취하도다.

수제행해무유변
修諸行海無有邊하며

입불경계역무량
入佛境界亦無量이라

위정시방제국토
爲淨十方諸國土하야

일일토경무량겁
一一土經無量劫이로다

중생번뇌소요탁
衆生煩惱所擾濁으로

분별욕락비일상
分別欲樂非一相이라

수심조업부사의
隨心造業不思議여

일체찰해사성립
一切刹海斯成立이로다

불자찰해장엄장
佛子刹海莊嚴藏이

이구광명보소성
離垢光明寶所成이라

사유광대신해심
斯由廣大信解心이니

시방소주함여시
十方所住咸如是로다

모든 행바다를 닦음이 끝이 없으며
부처님 경계에 들어감도 한량없어서
시방의 모든 국토를 청정하게 하려고
낱낱 국토에서 무량겁을 지내도다.


중생들이 번뇌에 흔들리고 혼탁하여
분별과 욕락이 한 모양이 아니라
마음 따라 업을 지음이 부사의하여
일체 세계바다가 이에 이루어졌도다.


불자여, 세계바다의 장엄창고는
때를 여읜 광명보배로 이루어진 것이라
이것은 광대한 신해심을 말미암음이니
시방에 머무르는 것이 다 이러하도다.

보살능수보현행
菩薩能修普賢行하야

유행법계미진도
遊行法界微塵道하야

진중실현무량찰
塵中悉現無量刹하니

청정광대여허공
淸淨廣大如虛空이로다

등허공계현신통
等虛空界現神通하사

실예도량제불소
悉詣道場諸佛所하야

연화좌상시중상
蓮華座上示衆相하시니

일일신포일체찰
一一身包一切刹이로다

일념보현어삼세
一念普現於三世하사

일체찰해개성립
一切刹海皆成立하고

불이방편실입중
佛以方便悉入中하시니

차시비로소엄정
此是毗盧所嚴淨이로다

보살이 능히 보현행을 닦아서
법계 미진수의 길에 유행하며
티끌 가운데 한량없는 세계를 다 나타내니
청정하고 광대함이 허공과 같도다.


허공과 같은 세계에 신통을 나타내어
도량의 모든 부처님 처소에 다 나아가
연화좌 위에서 온갖 모양을 보이니
낱낱 몸이 일체 세계를 포함하였도다.


한 생각에 널리 삼세를 나타내어
일체 세계바다가 다 성립하고
부처님께서 방편으로 그 가운데 다 들어가시니
이것은 비로자나부처님께서 장엄하신 바로다.

이시　보현보살　부고대중언
爾時에 普賢菩薩이 復告大衆言하시니라

제불자　일일세계해　유세계해미진수소의
諸佛子야 一一世界海에 有世界海微塵數所依

주
住하니라

소위혹의일체장엄주　혹의허공주　혹의
所謂或依一切莊嚴住며 或依虛空住며 或依

일체보광명주　혹의일체불광명주　혹의일
一切寶光明住며 或依一切佛光明住며 或依一

체보색광명주
切寶色光明住니라

혹의일체불음성주　혹의여환업생대력아
或依一切佛音聲住며 或依如幻業生大力阿

그 때에 보현보살이 다시 대중들에게 일러 말씀하였다.

"모든 불자들이여, 낱낱 세계바다에 세계바다 미진수의 의지하여 머무르는 것이 있다.

이른바 혹은 일체 장엄을 의지하여 머무르며, 혹은 허공을 의지하여 머무르며, 혹은 일체 보배 광명을 의지하여 머무르며, 혹은 일체 부처님 광명을 의지하여 머무르며, 혹은 일체 보배색 광명을 의지하여 머무른다.

혹은 일체 부처님의 음성을 의지하여 머무르며, 혹은 환과 같은 업으로 생긴 대력 아수라

수라형금강수주　혹의일체세주신주　혹
脩羅形金剛手住며 或依一切世主身住며 或

의일체보살신주　혹의보현보살원소생일
依一切菩薩身住며 或依普賢菩薩願所生一

체차별장엄해주
切差別莊嚴海住니라

제불자　세계해　유여시등세계해미진수소
諸佛子야 世界海에 有如是等世界海微塵數所

의주
依住니라

이시　보현보살　욕중선기의　승불위
爾時에 普賢菩薩이 欲重宣其義하사 承佛威

력　관찰시방　이설송언
力하사 觀察十方하고 而說頌言하시니라

의 형상인 금강 손을 의지하여 머무르며, 혹은 일체 세간 주인의 몸을 의지하여 머무르며, 혹은 일체 보살의 몸을 의지하여 머무르며, 혹은 보현보살의 원력으로 생긴 일체 차별한 장엄바다를 의지하여 머무른다.

모든 불자들이여, 세계바다에 이와 같은 세계바다 미진수의 의지하여 머무르는 것이 있다."

그 때에 보현보살이 거듭 그 뜻을 펴려고 부처님의 위신력을 받들어 시방을 관찰하고 게송을 설하여 말씀하였다.

변만시방허공계
偏滿十方虛空界하야

소유일체제국토
所有一切諸國土가

여래신력지소가
如來神力之所加로

처처현전개가견
處處現前皆可見이로다

혹유종종제국토
或有種種諸國土가

무비이구보소성
無非離垢寶所成이라

청정마니최수묘
淸淨摩尼最殊妙하야

치연보현광명해
熾然普現光明海로다

혹유청정광명찰
或有淸淨光明刹이

의지허공계이주
依止虛空界而住하며

혹재마니보해중
或在摩尼寶海中하야

부유안주광명장
復有安住光明藏이로다

시방 허공계에 두루 가득한

있는 바 일체 모든 국토가

여래 위신력의 가피하신 바로

곳곳에서 앞에 나타남을 다 볼 수 있도다.


혹 어떤 갖가지의 여러 국토는

때를 여읜 보배로 다 이루어졌고

청정한 마니가 가장 특수하고 미묘하여

치성하게 광명바다를 널리 나타내도다.


혹 어떤 청정한 광명 세계는

허공계를 의지하여 머무르며

혹은 마니보배바다 가운데서

다시 광명창고에 안주해 있도다.

여래처차중회해
如來處此衆會海하사

연설법륜개교묘
演說法輪皆巧妙하시니

제불경계광무변
諸佛境界廣無邊이라

중생견자심환희
衆生見者心歡喜로다

유이마니작엄식
有以摩尼作嚴飾하니

상여화등광분포
狀如華燈廣分布라

향염광운색치연
香燄光雲色熾然이어든

부이묘보광명망
覆以妙寶光明網이로다

혹유찰토무변제
或有刹土無邊際하야

안주연화심대해
安住蓮華深大海라

광박청정여세수
廣博淸淨與世殊하니

제불묘선장엄고
諸佛妙善莊嚴故로다

여래께서 이 대중 모임바다에 계시어
법륜을 연설함이 다 교묘하시니
모든 부처님의 경계가 넓고 가없어서
중생들이 보는 이마다 마음에 환희하도다.

어떤 것은 마니로 장식하였는데
형상은 꽃 등불같이 널리 펼쳐져있고
향기불꽃 광명구름 빛이 치성한데
묘한 보배 광명그물로 덮여있도다.

혹 어떤 세계는 끝이 없으며
연꽃 핀 깊고 큰 바다에 안주하였는데
드넓고 청정함이 세간과 다르니
모든 부처님의 묘하고 훌륭한 장엄인 까닭이로다.

혹유찰해수윤전
**或有刹海隨輪轉**이라가

이불위신득안주
**以佛威神得安住**하니

제보살중변재중
**諸菩薩衆徧在中**하야

상견무앙광대보
**常見無央廣大寶**로다

혹유주어금강수
**或有住於金剛手**하며

혹부유주천주신
**或復有住天主身**하니

비로자나무상존
**毗盧遮那無上尊**이

상어차처전법륜
**常於此處轉法輪**이로다

혹의보수평균주
**或依寶樹平均住**하고

향염운중역부연
**香燄雲中亦復然**하며

혹유의제대수중
**或有依諸大水中**하고

유주견고금강해
**有住堅固金剛海**로다

혹 어떤 세계바다는 윤전을 따르다가
부처님의 위신력으로 안주함을 얻으니
모든 보살 대중들이 그 가운데 두루하여
한량없고 광대한 보배를 항상 보도다.

혹 어떤 것은 금강 손에 머무르며
혹 또 어떤 것은 천주의 몸에 머무르니
비로자나부처님 무상존께서
항상 이곳에서 법륜을 굴리시도다.

혹은 보배나무를 의지하여 평탄하게 머무르고
향기불꽃구름 가운데서 또한 그러하며
혹 어떤 것은 여러 큰 물 가운데 의지하고
어떤 것은 견고한 금강바다에 머무르도다.

혹유의지금강당
**或有依止金剛幢**하며

혹유주어화해중
**或有住於華海中**하니

광대신통무부주
**廣大神通無不周**라

비로자나차능현
**毗盧遮那此能現**이로다

혹수혹단무량종
**或脩或短無量種**이요

기상선환역비일
**其相旋環亦非一**이라

묘장엄장여세수
**妙莊嚴藏與世殊**하니

청정수치내능견
**淸淨修治乃能見**이로다

여시종종각차별
**如是種種各差別**이여

일체개의원해주
**一切皆依願海住**라

혹유국토상재공
**或有國土常在空**이어든

제불여운실충변
**諸佛如雲悉充徧**이로다

혹 어떤 것은 금강깃대를 의지하며
혹 어떤 것은 꽃바다 가운데 머물러서
광대한 신통이 두루하지 않음이 없으니
비로자나부처님께서 이것을 나타내셨도다.

혹은 길고 혹은 짧고 한량없는 종류이며
그 형상이 둥글게 도는 것 또한 한 가지가 아니라
미묘한 장엄 창고 세간과 다르니
청정하게 닦아야 이에 볼 수 있도다.

이와 같이 갖가지로 각각 차별함이여
일체가 다 서원바다에 의지하여 머무름이라
혹 어떤 국토는 항상 허공에 있는데
모든 부처님께서 구름처럼 다 충만하시도다.

혹유재공현복주
或有在空懸覆住하야

혹시이유혹무유
或時而有或無有하며

혹유국토극청정
或有國土極清淨하야

주어보살보관중
住於菩薩寶冠中이로다

시방제불대신통
十方諸佛大神通이여

일체개어차중견
一切皆於此中見이라

제불음성함변만
諸佛音聲咸徧滿하시니

사유업력지소화
斯由業力之所化로다

혹유국토주법계
或有國土周法界하니

청정이구종심기
清淨離垢從心起라

여영여환광무변
如影如幻廣無邊이며

여인다망각차별
如因陀網各差別이로다

혹 어떤 것은 허공에 매달려 엎어져 머무르고

혹 때로는 있고 혹은 없으며

혹 어떤 국토는 극히 청정하고

보살의 보배관 속에 머무르도다.


시방 모든 부처님의 큰 신통이시여

일체를 모두 이 가운데서 봄이라

모든 부처님의 음성이 다 두루 가득하시니

이는 업력으로 인하여 변화한 바로다.


혹 어떤 국토는 법계에 두루하니

청정하고 때를 여읨이 마음에서 일어남이라

그림자 같고 환 같고 넓고 가없으며

인다라 그물처럼 각각 차별하도다.

혹현종종장엄장
**或現種種莊嚴藏**하야

의지허공이건립
**依止虛空而建立**하니

제업경계부사의
**諸業境界不思議**여

불력현시개령견
**佛力顯示皆令見**이로다

일일국토미진내
**一一國土微塵內**에

염념시현제불찰
**念念示現諸佛刹**호대

수개무량등중생
**數皆無量等衆生**하니

보현소작항여시
**普賢所作恒如是**로다

위욕성숙중생고
**爲欲成熟衆生故**로

시중수행경겁해
**是中修行經劫海**하니

광대신변미불흥
**廣大神變靡不興**하야

법계지중실주변
**法界之中悉周徧**이로다

혹은 갖가지 장엄창고를 나타내어
허공에 의지하여 건립했으니
모든 업의 경계가 부사의함이여
부처님의 힘으로 나타내어 다 보게 하시도다.

낱낱 국토의 미진 속에서
생각생각 모든 부처님 세계를 나타내 보이되
수효가 다 한량없어 중생과 같으니
보현이 짓는 바가 항상 이와 같도다.

중생들을 성숙시키고자 하는 까닭에
이 가운데서 수행하여 겁바다를 지내니
광대한 신통변화를 일으키지 않음이 없어서
법계 가운데 다 두루하였도다.

법계국토일일진
**法界國土一一塵**에

제대찰해주기중
**諸大刹海住其中**이어든

불운평등실미부
**佛雲平等悉彌覆**하시니

어일체처함충만
**於一切處咸充滿**이로다

여일진중자재용
**如一塵中自在用**하야

일체진내역부연
**一切塵內亦復然**하니

제불보살대신통
**諸佛菩薩大神通**을

비로자나실능현
**毗盧遮那悉能現**이로다

일체광대제찰토
**一切廣大諸刹土**가

여영여환역여염
**如影如幻亦如燄**하니

시방불견소종생
**十方不見所從生**이며

역부무래무거처
**亦復無來無去處**로다

법계 국토의 낱낱 티끌에
모든 큰 세계바다가 그 가운데 머무는데
부처님구름이 평등하여 모두 덮으시니
모든 곳에 다 충만하도다.

한 티끌 속의 자재한 작용처럼
일체 티끌 속에서도 또한 다시 그러하니
모든 부처님과 보살들의 큰 신통을
비로자나부처님께서 다 나타내시도다.

일체 광대한 모든 세계가
그림자 같고 환 같고 또 불꽃 같으니
시방에서 생겨난 곳을 보지 못하며
또한 다시 온 곳도 없고 간 곳도 없도다.

멸괴생성호순복
滅壞生成互循復하야

어허공중무잠이
於虛空中無暫已하나니

막불개유청정원
莫不皆由淸淨願과

광대업력지소지
廣大業力之所持로다

이시　보현보살　부고대중언
爾時에　普賢菩薩이　復告大衆言하시니라

제불자　세계해　유종종차별형상　소위
諸佛子야　世界海에　有種種差別形相하니　所謂

혹원혹방　혹비원방　무량차별
或圓或方이며　或非圓方이며　無量差別이라

혹여수선형　혹여산염형　혹여수형
或如水漩形이며　或如山燄形이며　或如樹形이며

괴멸과 생성이 서로 순환하고 반복하여

허공 가운데서 잠깐도 그치지 않으니

다 청정한 서원으로 말미암았고

넓고 큰 업력으로 유지되는 바로다.

그 때에 보현보살이 다시 대중들에게 일러 말씀하였다.

"모든 불자들이여, 세계바다에 갖가지 차별한 형상이 있다.

이른바 혹은 둥글고 혹은 모나며, 혹은 둥글지도 모나지도 아니하고 한량없이 차별하다.

혹은 물이 소용돌이치는 형상 같으며, 혹은 산

혹여화형　　혹여궁전형　　혹여중생형
或如華形이며　或如宮殿形이며　或如衆生形이며

혹여불형
或如佛形이라

여시등　　유세계해미진수
如是等이　有世界海微塵數하니라

이시　　보현보살　　욕중선기의　　　승불위
爾時에　普賢菩薩이　欲重宣其義하사　承佛威

력　　관찰시방　　이설송언
力하사　觀察十方하고　而說頌言하시니라

제국토해종종별　　　　종종장엄종종주
諸國土海種種別하야　　種種莊嚴種種住호대

수형공미변시방　　　　여등함응공관찰
殊形共美徧十方하니　　汝等咸應共觀察이어다

과 불꽃 형상 같으며, 혹은 나무 형상 같으며,
혹은 꽃 형상 같으며, 혹은 궁전 형상 같으며,
혹은 중생 형상 같으며, 혹은 부처님 형상 같다.
이와 같은 것이 세계바다 미진수가 있다."

그 때에 보현보살이 거듭 그 뜻을 펴려고 부
처님의 위신력을 받들어 시방을 관찰하고 게
송을 설하여 말씀하였다.

모든 국토바다가 갖가지로 달라서
갖가지로 장엄하고 갖가지로 머무르되
특수한 형상이 모두 아름답고 시방에 두루하니
그대들은 다 함께 관찰할지어다.

기상혹원혹유방
**其狀或圓或有方**하며

혹부삼유급팔우
**或復三維及八隅**며

마니륜상연화등
**摩尼輪狀蓮華等**이라

일체개유업령이
**一切皆由業令異**로다

혹유청정염장엄
**或有淸淨燄莊嚴**호대

진금간착다수호
**眞金閒錯多殊好**하며

문달경개무옹체
**門闥競開無壅滯**하니

사유업광의무잡
**斯由業廣意無雜**이로다

찰해무변차별장
**刹海無邊差別藏**이

비여운포재허공
**譬如雲布在虛空**하야

보륜포지묘장엄
**寶輪布地妙莊嚴**이어든

제불광명조요중
**諸佛光明照耀中**이로다

그 형상이 혹은 둥글고 혹은 모나며
혹은 또 세모와 팔모이며
마니바퀴 형상과 연꽃 등이라
일체가 다 업을 말미암아 다르게 되었도다.


혹 어떤 것은 청정한 불꽃으로 장엄하되
진금으로 사이마다 아름답게 꾸미었고
문들을 활짝 열어 막힘없으니
이것은 업이 넓고 뜻이 잡됨이 없기 때문이로다.


세계바다의 가없는 차별창고가
비유하면 구름이 허공에 펼쳐진 것과 같이
보배바퀴가 땅에 펼쳐져 미묘하게 장엄했는데
모든 부처님의 광명이 그 속을 밝게 비추시도다.

일체국토심분별
一切國土心分別을

종종광명이조현
種種光明而照現이어든

불어여시찰해중
佛於如是刹海中에

각각시현신통력
各各示現神通力이로다

혹유잡염혹청정
或有雜染或淸淨하야

수고수락각차별
受苦受樂各差別이여

사유업해부사의
斯由業海不思議니

제유전법항여시
諸流轉法恒如是로다

일모공내난사찰
一毛孔內難思刹이

등미진수종종주
等微塵數種種住어든

일일개유변조존
一一皆有徧照尊이

재중회중선묘법
在衆會中宣妙法이로다

일체 국토를 마음으로 분별함을
갖가지 광명으로 비추어 나타내는데
부처님께서 이와 같은 세계바다 가운데서
각각 신통력을 나타내 보이시도다.

혹은 잡되고 물들었으며 혹은 청정하여
고통을 받고 즐거움을 받음이 각각 다름이여
이것은 업바다가 부사의함을 말미암음이니
모든 유전하는 법이 항상 이와 같도다.

한 모공 속에 생각하기 어려운 세계가
미진수와 같이 갖가지로 머무는데
낱낱마다 모두 변조존이 계시어
대중모임 가운데서 미묘한 법을 펴시도다.

어일진중대소찰
於一塵中大小刹이

종종차별여진수
種種差別如塵數하야

평탄고하각부동
平坦高下各不同이어든

불실왕예전법륜
佛悉往詣轉法輪이로다

일체진중소현찰
一切塵中所現刹이

개시본원신통력
皆是本願神通力이라

수기심락종종수
隨其心樂種種殊하야

어허공중실능작
於虛空中悉能作이로다

일체국토소유진
一切國土所有塵이여

일일진중불개입
一一塵中佛皆入하사

보위중생기신변
普爲衆生起神變하시니

비로자나법여시
毗盧遮那法如是로다

한 티끌 가운데 크고 작은 세계가
갖가지로 차별함이 티끌 수와 같아서
평탄하고 높고 낮음이 각각 같지 않은데
부처님께서 다 가셔서 법륜을 굴리시도다.

일체 티끌 가운데 나타난 세계가
모두 본원과 신통력이라
그 마음에 즐김을 따라 갖가지로 다르며
허공 가운데서 다 능히 만들어졌도다.

일체 국토에 있는 티끌의
낱낱 티끌 속에 부처님께서 다 들어가셔서
널리 중생들을 위하여 신통변화를 일으키시니
비로자나부처님 법이 이와 같도다.

이시　보현보살　부고대중언
爾時에 普賢菩薩이 復告大衆言하시니라


제불자　응지세계해　유종종체　소위혹이
諸佛子야 應知世界海에 有種種體니 所謂或以

일체보장엄위체　혹이일보종종장엄위체
一切寶莊嚴爲體며 或以一寶種種莊嚴爲體며

혹이일체보광명위체　혹이종종색광명위
或以一切寶光明爲體며 或以種種色光明爲

체　혹이일체장엄광명위체
體며 或以一切莊嚴光明爲體니라

혹이불가괴금강위체　혹이불력지위체　혹
或以不可壞金剛爲體며 或以佛力持爲體며 或

이묘보상위체　혹이불변화위체　혹이일
以妙寶相爲體며 或以佛變化爲體며 或以日

그 때에 보현보살이 다시 대중들에게 일러 말씀하였다.

"모든 불자들이여, 세계바다에 갖가지 체성이 있음을 마땅히 알아야 한다.

이른바 혹은 일체 보배 장엄으로 체성이 되며, 혹은 하나의 보배 갖가지 장엄으로 체성이 되며, 혹은 일체 보배광명으로 체성이 되며, 혹은 갖가지 색의 광명으로 체성이 되며, 혹은 일체 장엄의 광명으로 체성이 되었다.

혹은 깨뜨릴 수 없는 금강으로 체성이 되며, 혹은 부처님 힘의 가지로 체성이 되며, 혹은

마니륜위체
摩尼輪爲體니라


혹이극미세보위체　　혹이일체보염위체
或以極微細寶爲體며　或以一切寶燄爲體며


혹이종종향위체　　혹이일체보화관위체
或以種種香爲體며　或以一切寶華冠爲體며


혹이일체보영상위체
或以一切寶影像爲體니라


혹이일체장엄소시현위체　　혹이일념심보
或以一切莊嚴所示現爲體며　或以一念心普


시현경계위체　　혹이보살형보위체　　혹이
示現境界爲體며　或以菩薩形寶爲體며　或以


보화예위체　혹이불언음위체
寶華蘂爲體며　或以佛言音爲體니라

미묘한 보배 모양으로 체성이 되며, 혹은 부처님의 변화로 체성이 되며, 혹은 태양 마니바퀴로 체성이 되었다.

혹은 극히 미세한 보배로 체성이 되며, 혹은 일체 보배불꽃으로 체성이 되며, 혹은 갖가지 향으로 체성이 되며, 혹은 일체 보배 화관으로 체성이 되며, 혹은 일체 보배영상으로 체성이 되었다.

혹은 일체 장엄을 나타내 보이는 것으로 체성이 되며, 혹은 한 생각에 널리 나타내 보이는 경계로 체성이 되며, 혹은 보살 형상의 보배로 체성이 되며, 혹은 보배꽃술로 체성이 되며, 혹은 부처님의 음성으로 체성이 되었다."

이시　　　보현보살　　욕중선기의　　　승불위
爾時에　普賢菩薩이　欲重宣其義하사　承佛威

력　　　관찰시방　　　이설송언
力하사　觀察十方하고　而說頌言하시니라


혹유제찰해　　　　　　묘보소합성
或有諸刹海는　　　　妙寶所合成이며

견고불가괴　　　　　　안주보련화
堅固不可壞니　　　　安住寶蓮華로다


혹시정광명　　　　　　출생불가지
或是淨光明은　　　　出生不可知며

일체광장엄　　　　　　의지허공주
一切光莊嚴은　　　　依止虛空住로다

그 때에 보현보살이 그 뜻을 거듭 펴려고 부
처님의 위신력을 받들어 시방을 관찰하고 게
송을 설하여 말씀하였다.


혹 어떤 여러 세계바다는
묘한 보배가 합하여 이루어져서
견고하여 깨뜨릴 수 없으며
보배연꽃에 안주하였도다.


혹은 청정한 광명이
출생을 알 수 없으며
일체 광명 장엄은
허공을 의지하여 머무르도다.

혹 정 광 위 체
**或淨光爲體**하야

부 의 광 명 주
**復依光明住**호대

광 운 작 엄 식
**光雲作嚴飾**하니

보 살 공 유 처
**菩薩共遊處**로다

혹 유 제 찰 해
**或有諸刹海**는

종 어 원 력 생
**從於願力生**이라

유 여 영 상 주
**猶如影像住**하니

취 설 불 가 득
**取說不可得**이로다

혹 이 마 니 성
**或以摩尼成**하야

보 방 일 장 광
**普放日藏光**하며

주 륜 이 엄 지
**珠輪以嚴地**하니

보 살 실 충 만
**菩薩悉充滿**이로다

혹은 청정한 광명이 체성이 되어
다시 광명을 의지하여 머무르되
광명구름으로 장식하였으니
보살들이 함께 노니는 곳이로다.


혹 어떤 여러 세계바다는
원력으로부터 생겨나
마치 영상처럼 머무르니
취하여 말할 수 없도다.


혹은 마니로 이루어져서
태양창고 광명을 널리 놓으며
진주 바퀴로 땅을 장식하였으니
보살들이 다 충만하도다.

유찰보염성
有刹寶燄成하니

염운부기상
燄雲覆其上이라

중보광수묘
衆寶光殊妙하니

개유업소득
皆由業所得이로다

혹종묘상생
或從妙相生하야

중상장엄지
衆相莊嚴地호대

여관공지대
如冠共持戴하니

사유불화기
斯由佛化起로다

혹종심해생
或從心海生하야

수심소해주
隨心所解住하니

여환무처소
如幻無處所라

일체시분별
一切是分別이로다

어떤 세계는 보배불꽃으로 이루어졌고
불꽃 구름이 그 위를 덮어서
온갖 보배 광명이 뛰어나게 미묘하니
다 업을 말미암아 얻은 바로다.

혹은 미묘한 형상에서 생겨나
온갖 형상들이 땅을 장엄하되
마치 관을 함께 쓴 것 같으니
이것은 부처님의 변화로 일어났도다.

혹은 마음바다에서 생겨나
마음에 이해하는 바를 따라 머무르며
환과 같아 처소가 없으니
일체가 분별이로다.

혹이불광명
**或以佛光明**과

마니광위체
**摩尼光爲體**하니

제불어중현
**諸佛於中現**하사

각기신통력
**各起神通力**이로다

혹보현보살
**或普賢菩薩**이

화현제찰해
**化現諸刹海**하니

원력소장엄
**願力所莊嚴**이라

일체개수묘
**一切皆殊妙**로다

이시 보현보살 부고대중언
**爾時**에 **普賢菩薩**이 **復告大衆言**하시니라

혹은 부처님의 광명과
마니의 광명으로 체성이 되어
모든 부처님께서 그 가운데 나타나셔서
각각 신통력을 일으키시도다.

혹은 보현보살이
모든 세계바다를 변화하여 나타내니
원력으로 장엄한 바라
일체가 다 뛰어나게 미묘하도다.

그 때에 보현보살이 다시 대중들에게 일러
말씀하였다.

제불자　　응지세계해　　유종종장엄　　　소위
諸佛子야 應知世界海에 有種種莊嚴이니 所謂

혹이일체장엄구중　　출상묘운장엄　　　혹이
或以一切莊嚴具中에 出上妙雲莊嚴이며　或以

설일체보살공덕장엄　　혹이설일체중생업
說一切菩薩功德莊嚴이며 或以說一切衆生業

보장엄
報莊嚴이라

혹이시현일체보살원해장엄　　혹이표시일
或以示現一切菩薩願海莊嚴이며 或以表示一

체삼세불영상장엄　　혹이일념경　　시현무
切三世佛影像莊嚴이며 或以一念頃에 示現無

변겁신통경계장엄　　혹이출현일체불신장
邊劫神通境界莊嚴이며 或以出現一切佛身莊

엄
嚴이라

"모든 불자들이여, 세계바다에 갖가지 장엄이 있음을 마땅히 알아야 한다.

이른바 혹은 일체 장엄구 가운데서 가장 미묘한 구름을 내어 장엄하며, 혹은 일체 보살의 공덕을 말하여 장엄하며, 혹은 일체 중생의 업보를 말하여 장엄하였다.

혹은 일체 보살의 서원바다를 나타내 보여 장엄하며, 혹은 일체삼세 부처님의 영상을 표시하여 장엄하며, 혹은 일념 사이에 가없는 겁의 신통경계를 나타내 보여 장엄하며, 혹은 일체 부처님의 몸을 출현하여 장엄하였다.

혹이출현일체보향운장엄　　혹이시현일체
或以出現一切寶香雲莊嚴이며 或以示現一切

도량중제진묘물광명조요장엄　　혹이시현
道場中諸珍妙物光明照耀莊嚴이며 或以示現

일체보현행원장엄
一切普賢行願莊嚴이라

여시등　유세계해미진수
如是等이 有世界海微塵數하니라

이시　보현보살　욕중선기의　　승불위
爾時에 普賢菩薩이 欲重宣其義하사 承佛威

력　관찰시방　이설송언
力하사 觀察十方하고 而說頌言하시니라

혹은 일체 보배 향구름을 나타내어 장엄하며, 혹은 일체 도량 가운데 모든 진귀하고 미묘한 물건의 광명이 밝게 비침을 나타내 보여서 장엄하며, 혹은 일체 보현의 행원을 나타내 보여서 장엄하였다.

이와 같은 것이 세계바다의 미진수가 있다."


그 때에 보현보살이 그 뜻을 거듭 펴려고 부처님의 위신력을 받들어 시방을 관찰하고 게송을 설하여 말씀하였다.

광대찰해무유변
廣大刹海無有邊이

개유청정업소성
皆由清淨業所成이라

종종장엄종종주
種種莊嚴種種住하야

일체시방개변만
一切十方皆徧滿이로다

무변색상보염운
無邊色相寶燄雲이

광대장엄비일종
廣大莊嚴非一種이라

시방찰해상출현
十方刹海常出現하야

보연묘음이설법
普演妙音而說法이로다

보살무변공덕해
菩薩無邊功德海와

종종대원소장엄
種種大願所莊嚴이여

차토구시출묘음
此土俱時出妙音하야

보진시방제찰망
普震十方諸刹網이로다

광대한 세계바다가 끝이 없으니
다 청정한 업으로 이루어진 바라
갖가지로 장엄하고 갖가지로 머물러
일체 시방에 다 두루 가득하도다.


가없는 색상의 보배불꽃구름이
광대하게 장엄하여 한 가지가 아니라
시방 세계바다에 항상 출현하여
미묘한 음성을 널리 내어 법을 설하도다.


보살의 가없는 공덕바다와
갖가지 큰 서원으로 장엄한 것이
이 국토에서 동시에 미묘한 소리를 내어
널리 시방의 모든 세계 그물을 진동하도다.

중생업해광무량
衆生業海廣無量하야

수기감보각부동
隨其感報各不同을

어일체처장엄중
於一切處莊嚴中에

개유제불능연설
皆由諸佛能演說이로다

삼세소유제여래
三世所有諸如來가

신통보현제찰해
神通普現諸刹海하시니

일일사중일체불
一一事中一切佛이여

여시엄정여응관
如是嚴淨汝應觀이어다

과거미래현재겁
過去未來現在劫의

시방일체제국토
十方一切諸國土여

어피소유대장엄
於彼所有大莊嚴을

일일개어찰중견
一一皆於刹中見이로다

중생들의 업바다는 한량없이 넓어서
그를 따라 받는 과보도 각각 같지 않음을
일체 처의 장엄 가운데서
다 모든 부처님을 말미암아 능히 연설하도다.


삼세에 계시는 모든 여래께서
신통으로 모든 세계바다를 널리 나타내시니
낱낱 현상 가운데 일체 부처님이시여
이와 같이 엄정함을 그대는 마땅히 관할지어다.


과거와 미래와 현재 겁의
시방 일체 모든 국토여
그곳에 있는 큰 장엄을
낱낱이 다 세계 가운데서 보도다.

일체사중무량불
一切事中無量佛이

수등중생변세간
數等衆生徧世間하사

위령조복기신통
爲令調伏起神通하사

이차장엄국토해
以此莊嚴國土海로다

일체장엄토묘운
一切莊嚴吐妙雲호대

종종화운향염운
種種華雲香燄雲과

마니보운상출현
摩尼寶雲常出現하나니

찰해이차위엄식
刹海以此爲嚴飾이로다

시방소유성도처
十方所有成道處에

종종장엄개구족
種種莊嚴皆具足하야

유광포형약채운
流光布迴若彩雲하니

어차찰해함령견
於此刹海咸令見이로다

일체 현상 가운데 한량없는 부처님께서
중생들의 수와 같이 세간에 두루하셔서
조복하게 하려고 신통을 일으키시니
이로써 국토바다를 장엄하셨도다.

일체 장엄이 미묘한 구름을 펴서
갖가지 꽃구름과 향기불꽃구름과
마니보배구름을 항상 나타내니
세계바다가 이로써 장식되었도다.

시방에 있는 성도하신 곳에
갖가지 장엄이 다 구족하여서
광명이 흘러 퍼져 고운 구름 같으니
이 세계바다를 다 보게 하도다.

보현원행제불자　　　　등중생겁근수습
普賢願行諸佛子가　　　等衆生劫勤修習하야

무변국토실장엄　　　　일체처중개현현
無邊國土悉莊嚴하니　　一切處中皆顯現이로다

이시　보현보살　부고대중언
爾時에 普賢菩薩이 復告大衆言하시니라

제불자　응지세계해　유세계해미진수청정
諸佛子야 應知世界海에 有世界海微塵數淸淨

방편해　소위제보살　친근일체선지식
方便海니 所謂諸菩薩이 親近一切善知識하야

동선근고　증장광대공덕운　변법계고
同善根故며 增長廣大功德雲하야 徧法界故며

보현의 원행을 모든 불자들이
중생과 같은 겁 동안 부지런히 닦아서
가없는 국토를 다 장엄하니
일체 처에서 다 나타나도다.


그 때에 보현보살이 다시 대중들에게 일러 말씀하였다.


"모든 불자들이여, 세계바다에 세계바다 미진수의 청정한 방편바다가 있음을 마땅히 알아야 한다.

이른바 모든 보살들이 일체 선지식을 친근하여 선근이 같은 연고이며, 넓고 큰 공덕구름을

정수광대제승해고　관찰일체보살경계
淨修廣大諸勝解故며 觀察一切菩薩境界하야

이안주고　수치일체제바라밀　실원만
而安住故며 修治一切諸波羅蜜하야 悉圓滿

고
故니라

관찰일체보살제지　이입주고　출생일체
觀察一切菩薩諸地하야 而入住故며 出生一切

정원해고　수습일체출요행고　입어일체
淨願海故며 修習一切出要行故며 入於一切

장엄해고　성취청정방편력고
莊嚴海故며 成就清淨方便力故니라

여시등　유세계해미진수
如是等이 有世界海微塵數하니라

증장하여 법계에 두루한 연고이며, 넓고 큰 모든 수승한 이해를 청정하게 닦는 연고이며, 일체 보살의 경계를 관찰하여 편안히 머무르는 연고이며, 일체 모든 바라밀을 닦아서 다 원만히 하는 연고이다.

일체 보살의 모든 지위를 관찰하여 들어가 머무르는 연고이며, 일체 청정한 서원바다를 출생하는 연고이며, 일체 벗어나는 요긴한 행을 닦는 연고이며, 일체 장엄바다에 들어가는 연고이며, 청정한 방편의 힘을 성취하는 연고이다.

이와 같은 것이 세계바다 미진수가 있다."

이시　　보현보살　　욕중선기의　　　승불위
**爾時**에 **普賢菩薩**이 **欲重宣其義**하사 **承佛威**

력　　관찰시방　　이설송언
**力**하사 **觀察十方**하고 **而說頌言**하시니라

일체찰해제장엄　　　무수방편원력생
**一切刹海諸莊嚴**이　**無數方便願力生**이며

일체찰해상광요　　　무량청정업력기
**一切刹海常光耀**가　**無量淸淨業力起**로다

구원친근선지식　　　동수선업개청정
**久遠親近善知識**하야　**同修善業皆淸淨**이라

자비광대변중생　　　이차장엄제찰해
**慈悲廣大徧衆生**하니　**以此莊嚴諸刹海**로다

그 때에 보현보살이 그 뜻을 거듭 펴려고 부
처님의 위신력을 받들어 시방을 관찰하고 게
송을 설하여 말씀하였다.

일체 세계바다의 모든 장엄이
무수한 방편과 원력으로 생겨난 것이며
일체 세계바다가 항상 빛남도
한량없는 청정한 업력으로 일어난 것이로다.

오랫동안 선지식을 친근하여
선한 업을 함께 닦아 다 청정하고
자비가 광대하여 중생들에게 두루하니
이로써 모든 세계바다를 장엄하였도다.

일체법문삼매등
一切法門三昧等과

선정해탈방편지
禪定解脫方便地를

어제불소실정치
於諸佛所悉淨治하야

이차출생제찰해
以此出生諸刹海로다

발생무량결정해
發生無量決定解하야

능해여래등무이
能解如來等無異하고

인해방편이수치
忍海方便已修治일새

고능엄정무변찰
故能嚴淨無邊刹이로다

위리중생수승행
爲利衆生修勝行에

복덕광대상증장
福德廣大常增長이라

비여운포등허공
譬如雲布等虛空하니

일체찰해개성취
一切刹海皆成就로다

일체 법문과 삼매 등과
선정과 해탈과 방편의 지위를
모든 부처님 처소에서 다 깨끗이 닦아
이로써 모든 세계바다를 출생하였도다.

한량없는 결정한 이해를 내어
여래와 같아서 다름이 없음을 능히 알고
인욕바다 방편을 이미 닦았으니
그러므로 가없는 세계를 깨끗이 장엄하였도다.

중생들을 이롭게 하려고 수승한 행을 닦아서
복덕이 광대하고 항상 증장함이
마치 구름이 허공에 가득 퍼진 듯하니
일체 세계바다를 다 성취하였도다.

제도무량등찰진
諸度無量等刹塵을

실이수행영구족
悉已修行令具足하며

원바라밀무유진
願波羅蜜無有盡하니

청정찰해종차생
淸淨刹海從此生이로다

정수무등일체법
淨修無等一切法하고

생기무변출요행
生起無邊出要行하야

종종방편화군생
種種方便化群生하니

여시장엄국토해
如是莊嚴國土海로다

수습장엄방편지
修習莊嚴方便地하고

입불공덕법문해
入佛功德法門海하야

보사중생갈고원
普使衆生竭苦源하니

광대정찰개성취
廣大淨刹皆成就로다

모든 바라밀이 한량없어 세계 티끌 수 같은데
다 이미 수행하여 구족하게 하며
원바라밀이 다함없으니
청정한 세계바다가 여기에서 나왔도다.

같음이 없는 일체 법을 깨끗이 닦고
가없는 벗어나는 요긴한 행을 일으켜서
갖가지 방편으로 중생들을 교화하니
이와 같이 국토바다를 장엄하였도다.

장엄하는 방편의 지위를 닦고
부처님의 공덕법문바다에 들어가서
널리 중생들에게 고통의 근원을 없애게 하니
광대한 청정 세계를 다 성취하도다.

역해광대무여등
力海廣大無與等이여

보사중생종선근
普使衆生種善根하야

공양일체제여래
供養一切諸如來하니

국토무변실청정
國土無邊悉淸淨이로다

이시   보현보살   부고대중언
爾時에 普賢菩薩이 復告大衆言하시니라

제불자   응지일일세계해   유세계해미진수
諸佛子야 應知一一世界海에 有世界海微塵數

불출현차별
佛出現差別이니라

소위혹현소신   혹현대신   혹현단수
所謂或現小身이며 或現大身이며 或現短壽며

혹현장수   혹유엄정일불국토   혹유엄정
或現長壽며 或唯嚴淨一佛國土며 或有嚴淨

힘바다 광대하여 더불어 같을 이 없음이여

널리 중생들로 하여금 선근을 심게 하여

일체 모든 여래께 공양올리니

가없는 국토가 다 청정하도다.

그 때에 보현보살이 다시 대중들에게 일러

말씀하였다.

"모든 불자들이여, 낱낱 세계바다에 세계바

다 미진수의 부처님께서 출현하시는 차별이 있

음을 마땅히 알아야 한다.

이른바 혹은 작은 몸을 나타내시며, 혹은 큰

몸을 나타내시며, 혹은 짧은 수명을 나타내시

무량불토
無量佛土니라

혹유현시일승법륜        혹유현시불가사의제
或唯顯示一乘法輪이며 或有顯示不可思議諸

승법륜        혹현조복소분중생        혹시조복
乘法輪이며 或現調伏少分衆生이며 或示調伏

무변중생
無邊衆生이니라

여시등    유세계해미진수
如是等이 有世界海微塵數하니라


이시        보현보살        욕중선기의        승불위
爾時에 普賢菩薩이 欲重宣其義하사 承佛威

력        관찰시방        이설송언
力하사 觀察十方하고 而說頌言하시니라

며, 혹은 긴 수명을 나타내시며, 혹은 오직 한 부처님 국토만 깨끗이 장엄하시며, 혹은 한량없는 부처님 국토를 깨끗이 장엄하심이 있다.

혹은 오직 일승의 법륜만을 나타내 보이시며, 혹은 불가사의한 모든 승의 법륜을 나타내 보이심이 있으며, 혹은 적은 중생을 조복함을 나타내시며, 혹은 가없는 중생들을 조복함을 보이신다. 이와 같은 것이 세계바다 미진수가 있다."

그 때에 보현보살이 그 뜻을 거듭 펴려고 부처님의 위신력을 받들어 시방을 관찰하고 게송을 설하여 말씀하였다.

제불종종방편문
諸佛種種方便門으로

출흥일체제찰해
出興一切諸刹海하사대

개수중생심소락
皆隨衆生心所樂하시니

차시여래선권력
此是如來善權力이로다

제불법신부사의
諸佛法身不思議여

무색무형무영상
無色無形無影像호대

능위중생현중상
能爲衆生現衆相하사

수기심락실령견
隨其心樂悉令見이로다

혹위중생현단수
或爲衆生現短壽하며

혹현주수무량겁
或現住壽無量劫하시니

법신시방보현전
法身十方普現前하사

수의출현어세간
隨宜出現於世間이로다

모든 부처님께서 갖가지 방편문으로
일체 모든 세계바다에 출현하셔서
다 중생들 마음에 즐기는 바를 따르시니
이것은 여래의 훌륭한 방편의 힘이로다.

모든 부처님의 법신이 부사의함이여
색도 없고 형상도 없고 영상도 없으나
능히 중생들을 위하여 온갖 모습을 나타내셔서
그 마음에 즐김을 따라 다 보게 하시도다.

혹은 중생들을 위하여 짧은 수명을 나타내시며
혹은 수명이 한량없는 겁에 머무름을 나타내시니
법신을 시방에 널리 나타내셔서
마땅함을 따라 세간에 출현하시도다.

혹유엄정부사의
**或有嚴淨不思議**한

시방소유제찰해
**十方所有諸刹海**하며

혹유엄정일국토
**或唯嚴淨一國土**하사

어일시현실무여
**於一示現悉無餘**로다

혹수중생심소락
**或隨衆生心所樂**하사

시현난사종종승
**示現難思種種乘**하며

혹유유선일승법
**或有唯宣一乘法**하사

일중방편현무량
**一中方便現無量**이로다

혹유자연성정각
**或有自然成正覺**하사

영소중생주어도
**令少衆生住於道**하며

혹유능어일념중
**或有能於一念中**에

개오군미무유수
**開悟群迷無有數**로다

혹 어떤 때는 부사의한
시방에 있는 모든 세계바다를 깨끗이 장엄하시며
혹은 오직 한 국토만 깨끗이 장엄하시되
한꺼번에 다 남김없이 나타내 보이시도다.

혹은 중생들의 마음에 즐기는 바를 따라
생각하기 어려운 갖가지 승을 나타내 보이시며
혹 어떤 때는 오직 일승법만 펴셔서
하나 가운데 방편이 한량없음을 나타내시도다.

혹은 자연히 정각을 이루셔서
적은 중생에게 도에 머무르게 하시며
혹은 능히 한 순간에
수없는 중생들을 깨닫게 하시도다.

혹 어 모 공 출 화 운
**或於毛孔出化雲**하사

시 현 무 량 무 변 불
**示現無量無邊佛**하시니

일 체 세 간 개 현 도
**一切世間皆現覩**라

종 종 방 편 도 군 생
**種種方便度群生**이로다

혹 유 언 음 보 주 변
**或有言音普周徧**하야

수 기 심 락 이 설 법
**隨其心樂而說法**하사

불 가 사 의 대 겁 중
**不可思議大劫中**에

조 복 무 량 중 생 해
**調伏無量衆生海**로다

혹 유 무 량 장 엄 국
**或有無量莊嚴國**에

중 회 청 정 엄 연 좌
**衆會清淨儼然坐**어든

불 여 운 포 재 기 중
**佛如雲布在其中**하사

시 방 찰 해 미 불 충
**十方刹海靡不充**이로다

혹은 모공에서 변화하는 구름을 내셔서
한량없고 가없는 부처님을 나타내 보이시니
일체 세간이 다 환하게 봄이라
갖가지 방편으로 중생들을 제도하시도다.

혹은 말씀소리가 널리 두루하여
그 마음의 즐김을 따라 법을 설하셔서
불가사의한 큰 겁 가운데
한량없는 중생바다를 조복하시도다.

혹은 한량없는 장엄한 국토에
회중들이 청정하여 엄연히 앉았는데
부처님께서 구름 퍼지듯 그 가운데 계셔서
시방의 세계바다에 다 충만하시도다.

제불방편부사의 　　　수중생심실현전
諸佛方便不思議여　　隨衆生心悉現前하사

보주종종장엄찰　　　일체국토개주변
普住種種莊嚴刹하야　一切國土皆周徧이로다


이시　보현보살　부고대중언
爾時에 普賢菩薩이 復告大衆言하시니라


제불자　응지세계해　유세계해미진수겁
諸佛子야 應知世界海에 有世界海微塵數劫

주　소위혹유아승지겁주　혹유무량겁주
住니 所謂或有阿僧祇劫住며 或有無量劫住며

혹유무변겁주　혹유무등겁주　혹유불가수
或有無邊劫住며 或有無等劫住며 或有不可數

겁주
劫住니라

모든 부처님의 방편이 부사의함이여
중생들의 마음 따라 다 앞에 나타나셔서
갖가지 장엄 세계에 널리 머무시며
일체 국토에 다 두루하시도다.


그 때에 보현보살이 다시 대중들에게 일러
말씀하였다.

"모든 불자들이여, 세계바다에 세계바다 미진
수 겁의 머무름이 있음을 마땅히 알아야 한다.
이른바 혹은 아승지 겁의 머무름이 있으며,
혹은 한량없는 겁의 머무름이 있으며, 혹은
가없는 겁의 머무름이 있으며, 혹은 같음이

혹유불가칭겁주　　혹유불가사겁주　　혹유
或有不可稱劫住며 或有不可思劫住며 或有

불가량겁주　　혹유불가설겁주　　혹유불가설
不可量劫住며 或有不可說劫住며 或有不可說

불가설겁주
不可說劫住니라

여시등　　유세계해미진수
如是等이 有世界海微塵數하니라

이시　　보현보살　　욕중선기의　　　승불위
爾時에 普賢菩薩이 欲重宣其義하사 承佛威

력　　관찰시방　　이설송언
力하사 觀察十方하고 而說頌言하시니라

없는 겁의 머무름이 있으며, 혹은 셀 수 없는 겁의 머무름이 있다.

혹은 일컬을 수 없는 겁의 머무름이 있으며, 혹은 사의할 수 없는 겁의 머무름이 있으며, 혹은 헤아릴 수 없는 겁의 머무름이 있으며, 혹은 말할 수 없는 겁의 머무름이 있으며, 혹은 말할 수 없고 말할 수 없는 겁의 머무름이 있다.

이와 같은 것이 세계바다 미진수가 있다."

그 때에 보현보살이 그 뜻을 거듭 펴려고 부처님의 위신력을 받들어 시방을 관찰하고 게송을 설하여 말씀하였다.

세계해중종종겁
世界海中種種劫이

광대방편소장엄
廣大方便所莊嚴이라

시방국토함관견
十方國土咸觀見하야

수량차별실명료
數量差別悉明了로다

아견시방세계해
我見十方世界海의

겁수무량등중생
劫數無量等衆生호니

혹장혹단혹무변
或長或短或無邊을

이불음성금연설
以佛音聲今演說이로다

아견시방제찰해
我見十方諸刹海가

혹주국토미진겁
或住國土微塵劫하며

혹유일겁혹무수
或有一劫或無數하니

이원종종각부동
以願種種各不同이로다

세계바다 가운데 갖가지 겁이
광대한 방편으로 장엄한 바라
시방국토를 다 관해 보아서
수량과 차별을 모두 밝게 알도다.


내가 보니 시방 세계바다의
겁의 수가 한량없어 중생들과 같으니
혹은 길고 혹은 짧고 혹은 가없음을
부처님 음성으로 지금 연설하도다.


내가 보니 시방의 모든 세계바다가
혹은 국토 미진 겁 동안 머무르며
혹은 한 겁이며 혹은 수없으니
서원이 갖가지로 각각 같지 않도다.

혹유순정혹순염
**或有純淨或純染**하며

혹부염정이구잡
**或復染淨二俱雜**이라

원해안립종종수
**願海安立種種殊**하야

주어중생심상중
**住於衆生心想中**이로다

왕석수행찰진겁
**往昔修行刹塵劫**하사

획대청정세계해
**獲大淸淨世界海**하시니

제불경계구장엄
**諸佛境界具莊嚴**하야

영주무변광대겁
**永住無邊廣大劫**이로다

유명종종보광명
**有名種種寶光明**이며

혹명등음염안장
**或名等音燄眼藏**이며

이진광명급현겁
**離塵光明及賢劫**이니

차청정겁섭일체
**此淸淨劫攝一切**로다

혹은 순전히 깨끗하고 혹은 순전히 물들었으며
혹은 또 물들고 깨끗함의 둘이 함께 섞였으니
원력바다가 나란히 펼쳐짐이 갖가지로 달라서
중생들의 생각 가운데 머무르도다.

지난 옛적 세계 티끌 수 겁 동안 수행하셔서
크고 청정한 세계바다를 얻으시니
모든 부처님의 경계가 장엄을 갖추어서
가없는 광대한 겁에 길이 머무르도다.

혹은 이름이 종종보광명이며
혹은 이름이 등음염안장이며
이진광명이며 그리고 현겁이니
이 청정한 겁이 일체를 거두었도다.

유청정겁일불흥
有淸淨劫一佛興하며

혹일겁중무량현
或一劫中無量現하사

무진방편대원력
無盡方便大願力으로

입어일체종종겁
入於一切種種劫이로다

혹무량겁입일겁
或無量劫入一劫하며

혹부일겁입다겁
或復一劫入多劫하야

일체겁해종종문
一切劫海種種門이

시방국토개명현
十方國土皆明現이로다

혹일체겁장엄사
或一切劫莊嚴事를

어일겁중개현도
於一劫中皆現覩하며

혹일겁내소장엄
或一劫內所莊嚴이

보입일체무변겁
普入一切無邊劫이로다

어떤 청정겁에는 한 부처님께서 출현하시며
혹은 한 겁 가운데 한량없이 출현하셔서
다함없는 방편과 큰 원력으로
일체 갖가지 겁에 들어가시도다.

혹은 한량없는 겁이 한 겁에 들어가며
혹은 또 한 겁이 많은 겁에 들어가서
일체 겁바다의 갖가지 문이
시방 국토에 다 밝게 나타났도다.

혹은 일체 겁의 장엄한 일을
한 겁 가운데 다 나타내 보이며
혹은 한 겁 안에 장엄한 바가
일체 가없는 겁에 널리 들어가도다.

시종일념종성겁　　　실의중생심상생
始從一念終成劫이　　　悉依衆生心想生이라

일체찰해겁무변　　　이일방편개청정
一切刹海劫無邊을　　　以一方便皆淸淨이로다

이시　　보현보살　　부고대중언
爾時에 普賢菩薩이 復告大衆言하시니라

제불자　　응지세계해　　유세계해미진수겁전
諸佛子야 應知世界海에 有世界海微塵數劫轉

변차별
變差別이니라

소위법여시고　　세계해　　무량성괴겁전변
所謂法如是故로 世界海가 無量成壞劫轉變이며

처음 한 생각부터 마침내 겁을 이루는 것이
다 중생의 마음을 의지하여 나옴이라
일체 세계바다의 가없는 겁을
하나의 방편으로 다 청정하게 하도다.


그 때에 보현보살이 다시 대중들에게 일러
말씀하였다.


"모든 불자들이여, 세계바다에 세계바다 미
진수의 겁이 전변하는 차별이 있음을 마땅히
알아야 한다.

이른바 법이 이와 같은 연고로 세계바다가
한량없이 이루어지고 무너지는 겁으로 전변하

염오중생　　주고　　세계해　　성염오겁전변
染汚衆生이 住故로 世界海가 成染汚劫轉變이며

수광대복중생　　주고　　세계해　　성염정겁전
修廣大福衆生이 住故로 世界海가 成染淨劫轉

변　　신해보살　　주고　　세계해　　성염정겁
變이며 信解菩薩이 住故로 世界海가 成染淨劫

전변
轉變이라

무량중생　　발보리심고　　세계해　　순청정겁
無量衆生이 發菩提心故로 世界海가 純淸淨劫

전변　　　제보살　　각각유제세계고　　세계해
轉變이며 諸菩薩이 各各遊諸世界故로 世界海가

무변장엄겁전변　　시방일체세계해　　제보
無邊莊嚴劫轉變이며 十方一切世界海에 諸菩

살　운집고　　세계해　　무량대장엄겁전변
薩이 雲集故로 世界海가 無量大莊嚴劫轉變이라

며, 물들고 더럽혀진 중생들이 머무르는 연고
로 세계바다가 오염을 이루는 겁으로 전변하
며, 광대한 복을 닦은 중생들이 머무르는 연
고로 세계바다가 오염과 청정을 이루는 겁으
로 전변하며, 믿고 이해하는 보살들이 머무르
는 연고로 세계바다가 오염과 청정을 이루는
겁으로 전변한다.

한량없는 중생들이 보리심을 일으키는 연고
로 세계바다가 순수하게 청정한 겁으로 전변
하며, 모든 보살들이 각각 모든 세계에 노니는
연고로 세계바다가 가없는 장엄한 겁으로 전
변하며, 시방의 일체 세계바다에 모든 보살들

제불세존　입열반고　세계해　장엄멸겁
諸佛世尊이 入涅槃故로 世界海가 莊嚴滅劫

전변　　제불　출현어세고　일체세계해
轉變이며 諸佛이 出現於世故로 一切世界海가

광박엄정겁전변　　여래신통변화고　세계
廣博嚴淨劫轉變이며 如來神通變化故로 世界

해　보청정겁전변
海가 普清淨劫轉變이라

여시등　유세계해미진수
如是等이 有世界海微塵數하니라

이 구름처럼 모이는 연고로 세계바다가 한량 없이 크게 장엄한 겁으로 전변한다.

모든 부처님 세존께서 열반에 드시는 연고로 세계바다가 장엄이 소멸하는 겁으로 전변하며, 모든 부처님께서 세상에 출현하시는 연고로 일체 세계바다가 드넓게 장엄하여 청정한 겁으로 전변하며, 여래께서 신통변화하시는 연고로 세계바다가 널리 청정한 겁으로 전변한다.

이와 같은 것이 세계바다 미진수가 있다."

이시　보현보살　욕중선기의　　승불위
爾時에 普賢菩薩이 欲重宣其義하사 承佛威

력　　관찰시방　　이설송언
力하사 觀察十方하고 而說頌言하시니라

일체제국토　　　　개수업력생
一切諸國土가　　　皆隨業力生이니

여등응관찰　　　　전변상여시
汝等應觀察　　　　轉變相如是어다

염오제중생　　　　업혹전가포
染汚諸衆生이여　　業惑纏可怖라

피심영찰해　　　　일체성염오
彼心令刹海로　　　一切成染汚로다

그 때에 보현보살이 그 뜻을 거듭 펴려고 부
처님의 위신력을 받들어 시방을 관찰하고 게
송을 설하여 말씀하였다.

일체 모든 국토가
다 업력을 따라서 생겨나니
그대들은 마땅히 관찰하라
전변하는 모양이 이와 같도다.

오염된 모든 중생들이
업과 미혹에 얽힘이 두려우니
그 마음이 세계바다로 하여금
일체가 오염을 이루게 하도다.

약유청정심
若有淸淨心하야

수제복덕행
修諸福德行이면

피심영찰해
彼心令刹海로

잡염급청정
雜染及淸淨이로다

신해제보살
信解諸菩薩이

어피겁중생
於彼劫中生일새

수기심소유
隨其心所有하야

잡염청정견
雜染淸淨見이로다

무량제중생
無量諸衆生이

실발보리심
悉發菩提心일새

피심영찰해
彼心令刹海로

주겁항청정
住劫恒淸淨이로다

만약 청정한 마음이 있어서
모든 복덕의 행을 닦으면
그 마음이 세계바다로 하여금
잡되고 물들며 또 청정하게 하도다.


믿고 이해하는 모든 보살들이
그 겁 가운데 생겨나니
그 마음에 있는 바를 따라서
잡염과 청정을 보도다.


한량없는 모든 중생들이
다 보리심을 일으켜서
그 마음이 세계바다로 하여금
머무르는 겁이 늘 청정하게 하도다.

무량억보살
無量億菩薩이

왕예어시방
往詣於十方에

장엄무유수
莊嚴無有殊나

겁중차별견
劫中差別見이로다

일일미진내
一一微塵內에

불찰여진수
佛刹如塵數어든

보살공운집
菩薩共雲集하니

국토개청정
國土皆淸淨이로다

세존입열반
世尊入涅槃에

피토장엄멸
彼土莊嚴滅이라

중생무법기
衆生無法器요

세계성잡염
世界成雜染이로다

한량없는 억 보살들이
시방에 나아감에
장엄은 다름이 없으나
겁 가운데서 차별하게 보도다.

낱낱 미진 안에
부처님 세계가 티끌 수와 같은데
보살들이 함께 운집하여
국토가 다 청정하도다.

세존께서 열반에 드시니
그 국토의 장엄이 없어지고
중생들이 법의 그릇이 없어서
세계가 잡되고 물듦을 이루도다.

약유불흥세
若有佛興世면

일체실진호
一切悉珍好니

수기심청정
隨其心淸淨하야

장엄개구족
莊嚴皆具足이로다

제불신통력
諸佛神通力으로

시현부사의
示現不思議라

시시제찰해
是時諸刹海가

일체보청정
一切普淸淨이로다

이시 보현보살 부고대중언
爾時에 普賢菩薩이 復告大衆言하시니라

제불자 응지세계해 유세계해미진수무차
諸佛子야 應知世界海에 有世界海微塵數無差

부처님께서 세상에 출현하시면

일체가 다 진귀하고 좋으리니

그 마음이 청정함을 따라서

장엄이 다 구족하도다.


모든 부처님께서 신통력으로

나타내 보이심이 부사의하니

이 때의 모든 세계바다는

일체가 널리 청정하도다.


그 때에 보현보살이 다시 대중들에게 일러

말씀하였다.


"모든 불자들이여, 세계바다에 세계바다 미진

별
**別**이니라


소위일일세계해중　　유세계해미진수세계
**所謂一一世界海中**에　**有世界海微塵數世界**가


무차별　　일일세계해중　　제불출현　　소유
**無差別**이며　**一一世界海中**에　**諸佛出現**의　**所有**


위력　　무차별　　일일세계해중　　일체도량
**威力**이　**無差別**이며　**一一世界海中**에　**一切道場**이


변시방법계　　무차별　　일일세계해중　　일
**徧十方法界**가　**無差別**이며　**一一世界海中**에　**一**


체여래　　도량중회　　무차별
**切如來**의　**道場衆會**가　**無差別**이라


일일세계해중　　일체불광명변법계　　무차
**一一世界海中**에　**一切佛光明徧法界**가　**無差**


별　　일일세계해중　　일체불변화명호　　무
**別**이며　**一一世界海中**에　**一切佛變化名号**가　**無**

수의 차별없음이 있는 줄 마땅히 알아야 한다.

이른바 낱낱 세계바다 가운데 세계바다 미진수의 세계가 있는 것이 차별이 없으며, 낱낱 세계바다 가운데 모든 부처님께서 출현하셔서 있는 바 위력이 차별이 없으며, 낱낱 세계바다 가운데 일체 도량이 시방 법계에 두루함이 차별이 없으며, 낱낱 세계바다 가운데 일체 여래의 도량에 모인 대중들이 차별이 없다.

낱낱 세계바다 가운데 일체 부처님의 광명이 법계에 두루함이 차별이 없으며, 낱낱 세계바다 가운데 일체 부처님의 변화하신 명호가 차별이 없으며, 낱낱 세계바다 가운데 일체 부처

차별　　일일세계해중　　일체불음성　　보변
差別이며 一一世界海中에 一切佛音聲이 普徧

세계해　　무변겁주　　무차별
世界海하야 無邊劫住가 無差別이라

일일세계해중　　법륜방편　　무차별　　일일
一一世界海中에 法輪方便이 無差別이며 一一

세계해중　　일체세계해　　보입일진　　무차
世界海中에 一切世界海가 普入一塵이 無差

별　　일일세계해중　　일일미진　　일체삼세
別이며 一一世界海中에 一一微塵에 一切三世

제불세존　광대경계　개어중현　　무차별
諸佛世尊의 廣大境界가 皆於中現이 無差別이니라

제불자　세계해무차별　약설여시　　약광
諸佛子야 世界海無差別이 略說如是어니와 若廣

설자　　유세계해미진수
說者인댄 有世界海微塵數하니라

님의 음성이 세계바다에 널리 두루하여 가없는 겁 동안 머무름이 차별이 없다.

낱낱 세계바다 가운데 법륜의 방편이 차별이 없으며, 낱낱 세계바다 가운데 일체 세계바다가 한 티끌에 널리 들어감이 차별이 없으며, 낱낱 세계바다 가운데 낱낱 미진에 일체 삼세 모든 부처님 세존의 광대한 경계가 다 그 가운데 나타남이 차별이 없다.

모든 불자들이여, 세계바다의 차별없음을 간략하게 말하면 이와 같으나, 만약 널리 말한다면 세계바다의 미진수가 있다."

이시     보현보살     욕중선기의     승불위
爾時에 普賢菩薩이 欲重宣其義하사 承佛威

력     관찰시방     이설송언
力하사 觀察十方하고 而說頌言하시니라


일미진중다찰해     처소각별실엄정
一微塵中多刹海가   處所各別悉嚴淨이어든

여시무량입일중     일일구분무잡월
如是無量入一中호대   一一區分無雜越이로다


일일진내난사불     수중생심보현전
一一塵內難思佛이   隨衆生心普現前하사

일체찰해미부주     여시방편무차별
一切刹海靡不周하시니   如是方便無差別이로다

그 때에 보현보살이 그 뜻을 거듭 펴려고 부처님의 위신력을 받들어 시방을 관찰하고 게송을 설하여 말씀하였다.


한 미진 가운데 많은 세계바다가
처소는 각각 다르나 모두 장엄하여 청정한데
이와 같이 한량없음이 하나 가운데 들어가되
낱낱이 구분되어 섞이고 어긋남이 없도다.


낱낱 티끌 속에 사의하기 어려운 부처님께서
중생들의 마음을 따라 널리 앞에 나타나셔서
일체 세계바다에 다 두루하시니
이와 같은 방편이 차별이 없도다.

일일진중제수왕
一一塵中諸樹王이

종종장엄실수포
種種莊嚴悉垂布하야

시방국토개동현
十方國土皆同現하니

여시일체무차별
如是一切無差別이로다

일일진내미진중
一一塵內微塵衆이

실공위요인중주
悉共圍遶人中主하니

출과일체변세간
出過一切徧世間호대

역불박애상잡란
亦不迫隘相雜亂이로다

일일진중무량광
一一塵中無量光이

보변시방제국토
普徧十方諸國土하야

실현제불보리행
悉現諸佛菩提行하니

일체찰해무차별
一切刹海無差別이로다

낱낱 티끌 가운데 모든 나무왕들이
갖가지로 장엄하여 다 드리웠는데
시방의 국토에 다 같이 나타나니
이처럼 일체가 차별이 없도다.


낱낱 티끌 속에 미진수의 대중들이
다 함께 사람 가운데 주인을 둘러싸니
일체에서 뛰어나 세간에 두루하되
또한 비좁거나 서로 잡란하지 않도다.


낱낱 티끌 가운데 한량없는 광명이
시방의 모든 국토에 널리 두루하여
모든 부처님의 보리행을 다 나타내니
일체 세계바다가 차별이 없도다.

일일진중무량신
一一塵中無量身이

변화여운보주변
變化如雲普周徧이라

이불신통도군품
以佛神通導群品하사대

시방국토역무별
十方國土亦無別이로다

일일진중설중법
一一塵中說衆法하니

기법청정여윤전
其法淸淨如輪轉이라

종종방편자재문
種種方便自在門으로

일체개연무차별
一切皆演無差別이로다

일진보연제불음
一塵普演諸佛音하야

충만법기제중생
充滿法器諸衆生호대

변주찰해무앙겁
徧住剎海無央劫하니

여시음성역무이
如是音聲亦無異로다

낱낱 티끌 가운데 한량없는 몸이
구름같이 변화하여 널리 두루하며
부처님의 신통으로 중생들을 인도하시니
시방 국토에도 또한 다름이 없도다.

낱낱 티끌 가운데서 온갖 법을 설하시니
그 법이 청정하여 바퀴가 구르는 듯하며
갖가지 방편의 자재한 문으로
일체를 다 연설하심이 차별이 없도다.

한 티끌에서 널리 모든 부처님의 음성을 내어
모든 중생들의 법기에 가득 채우되
세계바다에 한없는 겁 동안 두루 머무르니
이와 같은 음성도 또한 차이가 없도다.

찰 해 무 량 묘 장 엄
**刹海無量妙莊嚴**을

어 일 진 중 무 불 입
**於一塵中無不入**하시니

여 시 제 불 신 통 력
**如是諸佛神通力**이여

일 체 개 유 업 성 기
**一切皆由業性起**로다

일 일 진 중 삼 세 불
**一一塵中三世佛**이

수 기 소 락 실 령 견
**隨其所樂悉令見**하시니

체 성 무 래 역 무 거
**體性無來亦無去**로대

이 원 력 고 변 세 간
**以願力故徧世間**이로다

〈大方廣佛華嚴經 卷第七〉

세계바다 한량없는 미묘한 장엄이

한 티끌 가운데 들어가지 않음이 없으니

이러한 모든 부처님의 신통력이시여

일체가 다 업의 성품을 말미암아 일어났도다.


낱낱 티끌 가운데 삼세 부처님께서

그 즐기는 바를 따라 다 보게 하시니

체성은 옴도 없고 또한 감도 없으나

원력으로 세간에 두루하시도다.

# 大方廣佛華嚴經
## 부록

• 

대방광불화엄경 목차

• 

간행사

# 대방광불화엄경
## 목차

# 간 행 사

　귀의삼보 하옵고,

　『대방광불화엄경』의 수지 독송과 유통을 발원하면서 수미정사 불전연구원에서 『독송본 한문·한글역 대방광불화엄경』과 『사경본 한글역 대방광불화엄경』을 편찬하여 간행하게 되었습니다.

　『화엄경』은 우리나라에 전래된 이래 일찍부터 사경되고 주석·강설되어 왔으며 근현대에 이르러서는 『화엄경』의 한글 번역과 연구도 부쩍 많이 이루어졌습니다. 그만큼 『화엄경』이 우리 불자님들의 신행과 해탈에 큰 의지처가 되었던 것임을 알 수 있습니다.

　『화엄경』을 독송하고 사경하는 공덕은 설법 공덕과 함께 크게 강조되어 왔습니다. 그리하여 수미정사 불전연구원에서도 『화엄경』(80권)을 독송하고 사경하는 데 도움이 되도록 한문 원문과 한글역을 함께 수록한 독송본과 한글역의 사경본 『화엄경』 간행불사를 발원하였습니다. 이 『화엄경』 간행불사에 뜻을 같이하여 적극 후원해주신 스님들과 재가 불자님들께 깊이 감사드립니다. 또한 『화엄경』을 수지 독송할 수 있도록 경책의 모습으로 장엄해 주신 편집위원들과 담앤북스 출판사 관계자들께도 고마움을 표합니다.

　끝으로 이 불사의 원만 회향으로 『화엄경』이 널리 유통되고, 온 법계에 부처님의 가피가 충만하시길 기원드립니다.

　나무 대방광불화엄경

불기 2564년 '부처님오신날'을 봉축하며<br>
수미해주 합장

위태천신(동진보살)

**수미해주** 須彌海住

동국대학교 명예교수
중앙승가대학교 법인이사
대한불교조계종 수미정사 주지

독송본 한문·한글역
# 대방광불화엄경 제7권

| **초판 1쇄 발행**_ 2020년 11월 24일

| **엮은이**_ 수미해주
| **엮은곳**_ 수미정사 불전연구원
| **편집위원**_ 해주 수정 경진 선초 정천 석도 박보람 최원섭
| **편집보**_ 동건 무이 무진 김지예

| **펴낸이**_ 오세룡
| **펴낸곳**_ 담앤북스
　　　　　서울특별시 종로구 새문안로3길 23 경희궁의 아침 4단지 805호
　　　　　대표전화 02)765-1251  전자우편 damnbooks@hanmail.net
　　　　　출판등록 제300-2011-115호
| ISBN_ 979-11-6201-257-4  04220

정가 15,000원